旌旗在望

浦江红色记忆

华东师范大学出版社

·上海·

图书在版编目（CIP）数据

旌旗在望 / 李忆庐著. -- 上海 ： 华东师范大学出版社，2025. -- ISBN 978-7-5760-5952-6

Ⅰ. D235.51

中国国家版本馆CIP数据核字第2025XX2702号

旌旗在望

著　　者　李忆庐
策划编辑　黄诗韵
责任编辑　黄诗韵
特约审读　张晓栋
责任校对　郑海兰
装帧设计　卢晓红

出版发行　华东师范大学出版社
社　　址　上海市中山北路3663号　邮编 200062
网　　址　www.ecnupress.com.cn
电　　话　021-60821666　　行政传真 021-62572105
客服电话　021-62865537　　门市（邮购）电话 021-62869887
地　　址　上海市中山北路3663号华东师范大学校内先锋路口
网　　店　http://hdsdcbs.tmall.com

印刷者　上海龙腾印务有限公司
开　　本　787毫米×1092毫米　1/16
印　　张　11.5
字　　数　176千字
版　　次　2025年7月第1版
印　　次　2025年11月第2次
书　　号　ISBN 978-7-5760-5952-6
定　　价　68.00元

出版人　王　焰

目 录

序　言

在历史工作者的眼里，只有深入历史细节中，对史料进行认真甄别，触摸其内在肌理，注重学术思维，方能拨开历史迷雾，发挥存史资政的功能。档案史料贵在记录了不少精微详尽的细节，有利于问题的微观研究和深入探讨。尊重历史，用档案史料说话，此为史学界的共识。

囿于档案史料的稀缺性和特殊性，从史料出发著述纪实文史作品不失为一种有益的尝试。这些天来，我在阅读《旌旗在望》一书的书稿时，不禁为其中的篇章所吸引。这些文章单独成篇，每篇各有侧重。全书立足档案史料，以图文并茂的形式，从中国共产党的革命活动、党员教育、保密措施、党组织建设等角度切入，刻画真实立体的中国共产党人形象，突出中国共产党组织在日臻完善过程中的细节，讲述中国共产党在峥嵘岁月里艰苦而卓越奋斗的珍闻。仔细品读，这本书的写作特色体现在以下三点：擅长使用档案史料，考证严谨；选题务实，论证较为深入；文字优美酣畅，兼顾学术性和通俗性，读来既有思想感悟，又饶有趣味。

档案史料的价值即为档案对于研究历史、探寻历史本源的有用性。本书的档案史料特色非常明显。作者综合运用了20世纪二三十年代工部局的英文档案以及各地档案馆的馆藏档案等丰富资料，为读者呈现了一段段党史故事。在《为了忘却的记忆——左联五烈士书稿密存之谜》中，作者依据史料，写了一个细节：鲁迅先生逝世后，列行社准备出版白莽的《孩儿塔》，许广平女士亲自从存放在英商麦加利银行保险库里的鲁迅遗稿中找出白莽的手稿，抄了一个副本交给出版社。这些鲜为人知的史实能让读者更加直观地感受到在20世纪上半叶中国共产党和进步文学所面临的复杂环境。这些史料翔实细致，论证有据。

在选题上，本书没有贪新骛奇，而是选择了切入口小、能深入论证的选题。这样，全书避开了宏大的历史叙事，体现了"小而美"的行文特色。在这里，我想表达一个观点：历史叙事作品要具备"三新"意识，即新史料、新写法和新观点。具体来说，就是要注重收集历史资料，而且挖掘得越深越好；行文要逻辑缜密，做到有问题意识；尽可能提出新观点。当然，这"三新"具备其一，也不啻为优秀的文史作品。

深入考察中共中央在上海时期（1921—1933年）的革命脉络，时常让人感佩革命先辈富有创造性的革命激情和艺术。在1921年至1925年中共发展的早期，各地党组织给党中央的函件通常是通过商务印书馆的编译所代转的，内封会写上党中央的谐音"钟英""转钟英小姐玉展",巧妙地运用公开的邮递系统来实现党中央与各地党组织的秘密信息传递。1927年转入地下革命活动时,出版的革命书籍和报刊常常以"伪装本"的形式出版。这些革命活动细节充分彰显中国共产党人的革命理想信念初心如磐,令人肃然起敬。

中国共产党百年奋斗历程艰苦卓绝,如何将中国共产党人不忘初心、牢记使命的革命精神呈现出来?这当然需要以具有学术规范的历史叙事方式进行全面、系统的展示,事实上,这样的历史著述很多。大量高质量历史著述的出版为人们了解和认识中国共产党革命精神提供了内容极其丰富的读本。然而,只有这样单一的叙事方式是不够的,采用文学性的叙事手法,让读者身临其境地去感知历史,用生动的情节描述曾经存在的人、曾经发生的事,也不失为一种讲述历史的好形式。从大众的阅读习惯看,这种带有文学色彩的历史叙事方式会受到广大读者的喜欢。严格地说,本书不是一本正儿八经的历史著作,但也绝不同于那种"戏说历史"的随意叙事。作者以档案史料说话写文,有文学意蕴而不违背历史事实,讲历史的真实故事,彰显中国共产党人的真挚实情。我阅读后很想向读者推荐这本小书。

本书在史实准确、叙述客观的同时,运用了学术性和可读性兼顾的写作方法。书中插图多采用档案图片或手稿,为读者呈现了缤纷而又细微的历史图景。全书图文并茂,读之有趣。同时,本书吸收了中共党史研究的最新成果,视野比较开阔。作为一个长期研究中国共产党历史和党的建设工作的学者,我从这部书稿中读到很多新鲜的资料和知识,受益匪浅。这里更想说的是,这本小书应该会很受青少年读者的青睐,因为它读起来通俗晓畅,堪称佳作。

我很高兴能成为这部书稿的第一个读者。拿到书稿后,我暂时放下手头的工作,一字一句地读完了全书,提出了一些修改意见。本书作者李红(忆庐是她的笔名)曾就读于华东师范大学政治学系,攻读中共党史专业,我与她有着浓浓的师生情谊。毕业后,她入职上海市档案馆,一头扎进档案史料的研究沃原中,踏实又勤勉。近十年来,我关注到,在《解放日报》《新民晚报》《新华月报》《纵横》《档案春秋》等报刊上,常见署名"李忆庐"的文史作品,每篇都精湛可读,文采斐然。据悉,作者于2013年、2017年两次获得"上海市新闻奖一等奖(副刊类)",这也佐证了其写作特色和学术功底。

上海是中国共产党的诞生地、初心始发地和伟大建党精神孕育地,是一座光荣之城。深挖上海的革命往事,让广大读者更好地感悟理想之光、使命之艰的信仰和力量,这是文史类作品应有的自觉意识和使命担当。从这个意义上说,本书立足档案史料,用心刻绘革命先辈艰苦卓绝的革命细节,是一件很有意义的事情。因为,正是这些真实生动的往事,展现了革命力量的苍莽蕴藉,铸就了新时代矢志前行的磅礴力量。

是为序。

华东师范大学马克思主义学院教授、博士生导师　齐卫平

西江月·井冈山

毛泽东

山下旌旗在望，
山头鼓角相闻。
敌军围困万千重，
我自岿然不动。
早已森严壁垒，
更加众志成城。
黄洋界上炮声隆，
报道敌军宵遁。

三十六行情报——揭秘中国共产党发起组珍闻

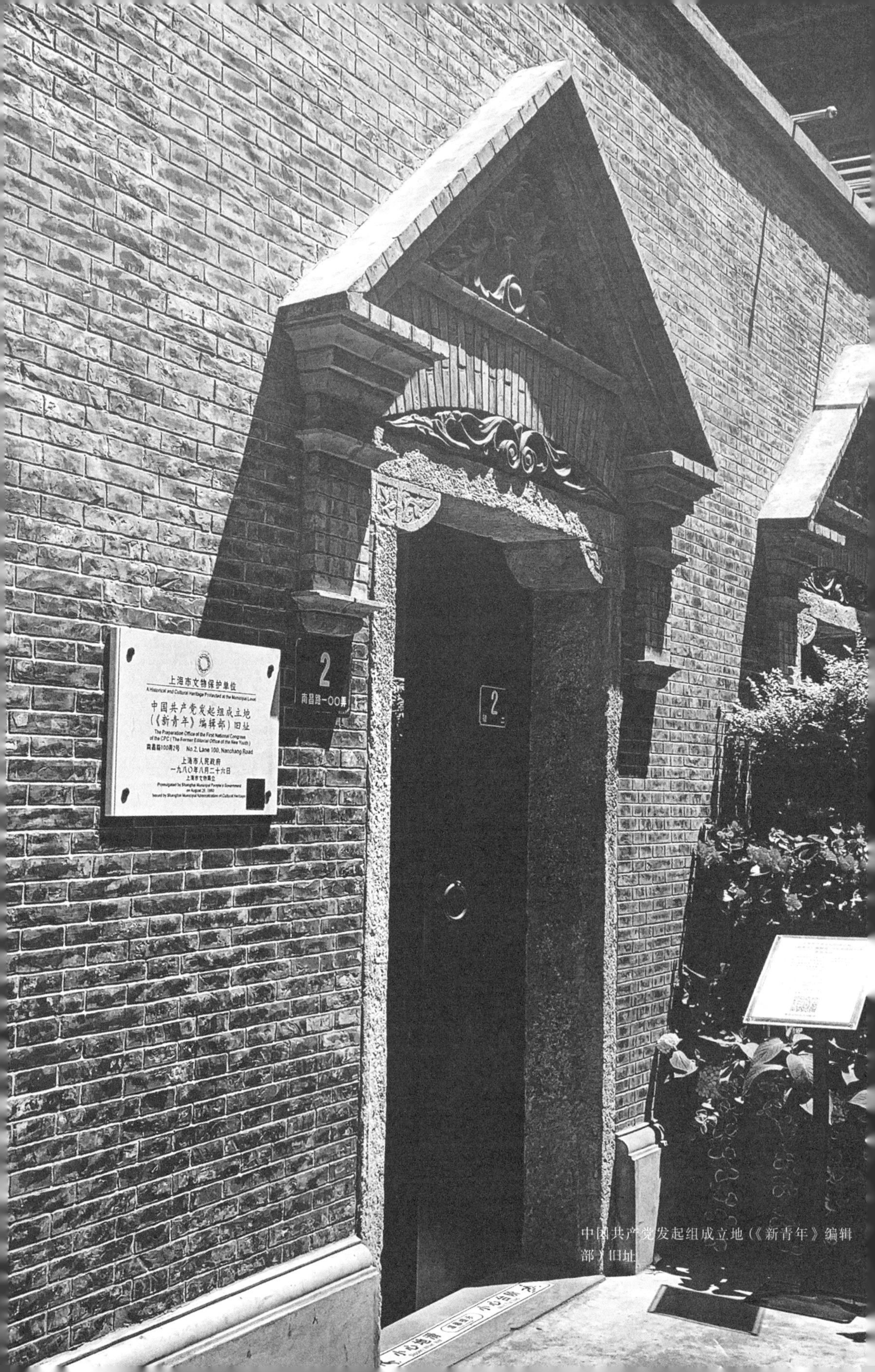

中国共产党发起组成立地(《新青年》编辑部)旧址

租界警务密报

自 1843 年开埠以后，近代上海逐步形成公共租界、法租界、华界"一市三治"的特殊行政格局。由于缺乏统一的权力管控体制，上海分割的地理空间、不同的行政管理制度、混居的活动人群折射出多样化的现代化城市图景。或许，正是由于这种多元结构所造就的"无序的活力"影响着人们的行动，进而形成了历史事件。

20 世纪 20 年代的上海，华洋杂处、分而治之，一年中发生着数不清的琐事和要闻、密谋和公务。1920 年 8 月 23 日，上海公共租界工部局的《警务日报》（S. M. C. Police Daily Report）的"华人情报"一栏中突然出现了长达 36 行的情报秘闻：

> 陈独秀，前北京大学教授，现居环龙路。据报道称，陈正于该处安徽籍人士中组织一社团，旨在改进一系列安徽事务并废除现任督军。

> 几个月前关于陈独秀的调查表明，陈是一位土生土长的安徽人，大约 35 岁。去年，在学生进行反对将胶州割让给日本的游行示威时，陈独秀受到北京政府的逮捕。政府指控他作为一些书籍的作者，在书中有鼓动暴乱的倾向。

> 到达上海后，陈独秀去了全国学联和江苏教育联合会，但并没有参加任何学生会议，至此也可以确定他并没有公开卷入到学

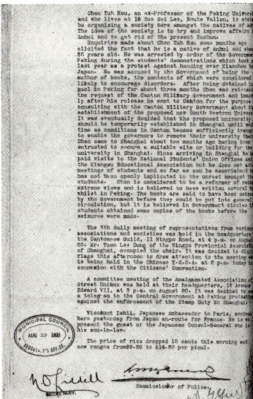

1920 年 8 月 23 日《警务日报》关于陈独秀在沪组织社团的密报

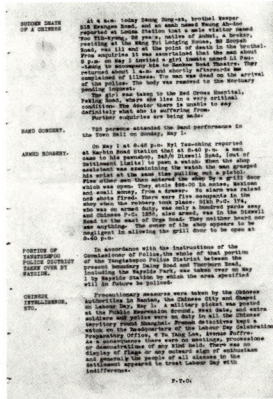

1920 年 4 月《警务日报》关于渔阳里 6 号庆祝五一劳动节筹备会的记载

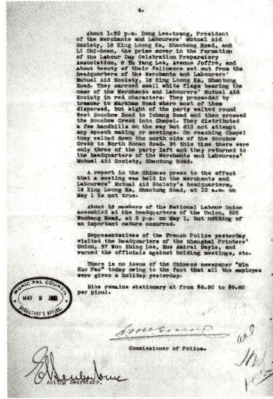

1920 年 5 月 2 日《警务日报》关于渔阳里 6 号五一劳动节庆祝会的记载

生动乱中。一般认为，陈独秀是一位相当激进的改革者，在北京时曾撰写过一些书，这些书在发行流通之前就被政府控制了。但是在没收前，学生就从政府圈得到了这些书的一些印本。[①]

①
————
上海公共租界工部局警务处：《警务日报》，1920 年 8 月 23 日。（上海市档案馆藏）

以上文字是工部局警务处处长麦高云（K. J. McEuen）呈送总办利德尔（N. O. Liddell）的报告的一部分，而关于陈独秀的这段文字是该期《警务日报》中篇幅最长的一篇文章。《警务日报》是用英文撰写的，将陈独秀的名字拼写为"Chen Tuh Hsu"，推测其年龄"大约 35 岁"，这与事实有些出入——1920 年时，陈独秀已经 41 岁。

工部局《警务日报》是一份什么性质的日报？为何会在此时突然出现关于陈独秀的大量跟踪报道？

据《上海租界志》载，《警务日报》是工部局警务处编制的每日情报汇总，从 1907 年 1 月 1 日到 1938 年 6 月 30 日，每日一份，由警务处呈送总办处，主要记载警务处各捕房中、西人员的变化情况，监狱及各捕房拘押囚犯的统计人数，当日捕房管辖范围内发生的火警及各种刑案等。《警务日报》中的重要内容，总办处通常会批转给工部局相关职能部门处理或提交工部局董事会议及其各委员会——公共租界的决策与咨询机构，并加以讨论。

《警务日报》属于动态简报性质，文字一般都比较简短。所以，这段长长的文字透露出一个重要信息：租界警方已十分关注陈独秀的行踪动向，并详细了解过陈独秀在北京和上海的"过激"行为。

一般认为，中共发起组成立于 1920 年 8 月，而公共租界的密报探知陈独秀在 1920 年 8 月正于"安徽籍人士中组织一社团"。这是否是对陈当时建立发起组活动所获得的一份模糊情报呢？

城市并不只是历史事件发生的地方，还是历史人物积极活动的场所。20 世纪 20 年代，以陈独秀、李大钊为首的一批先进知识分子，在时代大潮中，怎样将马克思主义思潮转化为建党的实际行动，并点燃了红色革命的薪火？

渔阳里的红色弧光

1920 年的中国，刚刚经历了疾风骤雨般的五四运动，北洋政府维持着军阀割据的统治，而新文化运动和马克思主义思潮在进步知识分子中广泛传播着。

公历新年到了，租界的洋人们正沉浸在跨年的兴奋中。就在元旦这天，上海《星期评论》周刊发表了题为《红色的新年》的新年宣言：

一九一九年末日的晚间，

有一位拿锤儿的，一位拿锄儿的，黑漆漆地在一间破屋子里谈天。

……

他们俩又一齐说：

唉，现在我们住的、着的、用的、吃的、喝的、抽的，都没好好儿的！

我们那些锤儿下面作的工程，锄儿下面产的结果，

那儿去了！

冬！冬！冬！

远远的鼓声动了！

劳动！劳动！

不平！不平！！

不公！不公！！

快三更啦！

他们想睡，也睡不成。

朦朦胧胧的张眼一瞧，

黑暗里突然的透出一线儿红。

这是什么？原来是北极下来的新潮，从近东到远东。

那潮头上拥着无数的锤儿锄儿，直要锤匀了锄光了世间的不平不公。

……

这红色的年儿新换，世界新开！①

时处危局，理想与现实的强烈反差让新兴知识分子发出企盼"世界新开"的呐喊。1919年6月创刊的《星期评论》是早期国民党人研究马克思主义的主要阵地，其主要撰稿人有李汉俊、沈玄庐等人。那时，《星期评论》与李大钊、陈独秀在北京创办的《每周评论》齐名，被时人称为"舆论界最亮的两颗明星"。

随着陈独秀南下上海，舆论界的南北执牛耳者有了地理和思想的交集。1920年2月19日农历除夕，陈独秀悄然来到上海。他是被北洋政府

①

《星期评论》第31号，1920年1月3日。

《新青年》

通缉，危急之中由密友李大钊扮演车夫，亲自护送到天津，转乘海轮到上海的。在途中，他们商定了一件严肃而重大的事件——计划组建中国共产党！这就是"南陈北李相约建党"的由来。

不久后，陈独秀住进法租界环龙路老渔阳里2号（今南昌路100弄2号）的石库门里弄，《新青年》编辑部也随之由北京迁回上海。仿佛有着神奇的磁场，这里先后聚集了李汉俊、俞秀松、邵力子、沈玄庐、陈望道、李达等一批早期共产主义者。沈玄庐、李汉俊是《星期评论》的主笔。早在1920年4月，英国在华情报部门收到报告称，李人杰（即李汉俊）是两名居住于上海法租界的"中国的布尔什维克"之一。邵力子是《民国日报》的主编。陈独秀是《新青年》的创办人。几大笔杆均住在法租界，彼此相距不远，往来甚密，经常座谈讨论社会主义和改造中国的问题。一时间，法租界渔阳里一带悄然热闹起来。据陈望道回忆，"大家住得很近（都在法租界），经常在一起，反复地谈，越谈越觉得有组织中国共产党的必要"。上海已成为逾出新文化范畴的先进知识分子的聚集地。

就在酝酿筹备中国共产党早期组织的日子里，一本薄薄的小书——《共产党宣言》中文首译本出版了，这如同下了一场及时的春雨。1920年8月该书初版时，因时间紧急，将书名错印为"共党产宣言"。时至今日，这本错版刊物全国仅存留12本，上海仅存5本。因其珍稀罕见，已被列入"中国档案文献遗产"名录。9月该书再版时才更正了错印的书名。这本译作气势磅礴，富有鼓动性，一出版便成为名篇。陈望道、李达的相继到来，为共产党发起组又增加了几员虎将。由于上海的"一举一动可以影响全国"，这里成了中国青年最向往的地区之一。全国有不少进步青年对旧社会不满，要求思想解放，于是脱离了家庭和学校，到上海来寻找出路。参与浙江一师学潮的俞秀松便是其中的一名代表。他在北京大学旁听期间得到李大钊的推荐，来到上海，和他的老师陈望道一起加入组建中国共产党的队伍中。

首部《共产党宣言》中文全译本的
封面

1920年9月再版的《共产党宣言》封面

与此同时，苏俄对中国的五四运动和革命组织开始给予实质上的关注。继霍多洛夫、伊万诺夫和柏烈伟之后，1920年3月，共产国际决定，由俄共（布）中央远东局海参崴分局派遣一个代表团前往中国。代表团的使命是同中国革命组织建立联系。在此之前，苏俄东方局曾接到海参崴方面的电报，知道中国曾发生过几百万人的罢工、罢课、罢市的大革命运动，所以派人到中国来看看。[1] 列宁给代表团下达了三项任务，第一项就是同中国社会主义团体联系，组建正式的中国共产党及青年团。

代表团的负责人是俄国人维经斯基。为了工作便利，他给自己取了一个中国名字，叫吴廷康。代表团中有一个中国人，叫杨明斋，他的身份是翻译。共产国际和俄共（布）代表团一行五人，以俄文报纸《生活报》记者的身份，于1920年4月初来到北京，经李大钊牵线，旋即来到上海拜访陈独秀。

一时间，群贤毕至，聚集上海滩，渔阳里红色弧光初现。

俄共（布）代表团的到来加快了中国共产党创建的步伐。在与维经斯基多次商谈后，陈独秀决定：研究马克思主义现在已经不是最主要的工作了，现在需要立即组建一个中国共产党。1920年6月，陈独秀、李汉俊、俞秀松、施存统、陈公培五人在老渔阳里2号《新青年》编辑部确定成立共产党组织。参会人员还初步草拟了一份具有党纲性质的文件，共十条，其中包括运用劳工专政、生产合作等达到社会革命目的的手段。

①
李达:《中国共产党发起和第一次、第二次代表大会经过的回忆》，载《一大回忆录》，北京：知识出版社，1989年：第12页。

关于这次会议的具体时间，根据近年来出版的《俞秀松日记》的记载及陈公培的回忆，1920 年 6 月 19 日，施存统参加成立会议后，当晚即乘船赴日本，故目前学术界有人主张中国共产党发起组成立于 6 月 19 日。后来，陈公培也赴法勤工俭学，陈独秀还让陈公培抄了一份党纲带去法国，并带信给正在法国勤工俭学的陈延年、陈乔年。施存统也抄了一份党纲赴日。

6 月 19 日，在老渔阳里 2 号《新青年》编辑部确定成立中国共产党发起组，初名为"社会共产党"。为慎重起见，陈独秀致函北京的李大钊，经两人认真斟酌，最终定名为"中国共产党"。这是中国的第一个共产党组织。在中共一大召开之前，先后参加上海的共产党早期组织的有陈独秀、俞秀松、李汉俊、陈公培、陈望道、沈玄庐、杨明斋、施存统（后改名施复亮）、李达、邵力子、沈雁冰、林祖涵、李启汉、袁振英、李中、沈泽民、周佛海等。①

频繁的聚会活动很快就引起了租界当局的关注，于是便有了开头《警务日报》的密探记载。既有证据，租界警方为何不立即采取行动呢？这得益于中国半殖民地半封建社会特有的政治格局使"上海华界与公共租界之间、华界与法租界之间、公共租界与法租界之间，出现了城市管理的一道道缝隙"②。这既是地理意义上的缝隙，更是制度意义上的缝隙。这为早期共产主义的活动乃至中共成立后领导的革命斗争提供了一个政治活动的缓冲地带。

中国共产党发起组在上海成立后，通过写信联系、派人指导或具体组织等方式，积极推动各地共产党早期组织的建立。发起组的部分成员又分赴各地创建地方党组织，经过组织与联络，北京、武汉、济南、长沙、广东等地先后都成立了共产主义早期组织。一个共产主义的火花在中国大地上悄然擦亮。

中国共产党发起组的宣传活动蒸蒸日上。1920 年 8 月 15 日，中国共产党发起组创办《劳动界》周刊，这是第一份面向工人阶级的专门报刊。1920 年 9 月 1 日，《新青年》改为中国共产党发起组的机关刊物。这份杂志由宣传新文化运动的先锋转为宣传马克思主义的先锋。11 月 7 日，党内机关刊物——《共产党》月刊秘密创办。这个刊物第一次在中国树起了共产党的旗帜，第一期便印发了 5 000 份。1921 年，《共产党》

①

中共中央党史研究室：《中国共产党历史》第一卷（1921—1949）上册，北京：中共党史出版社，2011 年：第 59 页。

②

上海市委党史研究室、上海市档案馆：《日出东方：中国共产党诞生地的红色记忆》，上海：上海世纪出版集团，2014 年：第 8 页。

第 5 号《短言》庄严昭告中国共产党的使命：一是经济的使命，一是政治的使命。组织青年的活动也广泛开展起来了。

1920 年 8 月 21 日，作为发起组的活动之一，上海社会主义青年团在霞飞路新渔阳里 6 号（今淮海中路 567 弄 6 号）成立。为便于工作，门口挂了"外国语学社"的招牌。年轻的俞秀松担任了上海社会主义青年团的书记。1921 年 3 月，俞秀松前往苏俄，出席 7 月 9—23 日在莫斯科召开的青年共产国际第二次代表大会，他的报告受到与会代表的密切关注。青年共产国际东方部书记格林赞誉，上海社会主义青年团是"中国青年团中最好的一个"。

老渔阳里 2 号是《新青年》编辑部、中国共产党发起组所在地，新渔阳里 6 号是外国语学社、上海社会主义青年团所在地，两个地方都是半公开的红色场所。作为早期中国共产主义运动的发源地、中国社会主义青年团的诞生地，渔阳里是 20 世纪中国最早一批马克思主义者初心和使命开始落地生根的地方。

自 1920 年下半年到 1921 年上半年，共产主义运动在全国各重要城市先后发芽。这些不受人注意的嫩芽在地广人众的中国只是沧海一粟，不为时人所重视，但后来很快就以星星之火燎原于全国，推动中国近现代社会进入民族复兴的航道。

历史新拐点

共产主义不是流于理论、止于实践的。一批早期共产主义者脱下长衫，走出书斋，深入工人群体中，这赋予了共产党早期组织深厚的工人运动基础。

据 1920 年五一节《新青年》杂志的调查，当时上海已有 51.3 万工人，且近半数是产业工人，其中又有 15 万人在 500 人以上的大厂做工。到中国共产党成立以前，在全国范围内，上海已是工人阶级最集中的城市；在上海，工人阶级已是城市中最大的群体。1919—1921 年，上海的物价飞涨，工人罢工次数与日俱增。《劳动界》周刊第 22 期专门发表了《1920 年上海底劳动运动大事记》，指出："这一年来，单是罢工运动，共有 40 次。"对 1920—1921 年可能出现的险峻局势，工部局高层打破只在每周三召集例会的常规，经常召开特别会议，讨论罢工、抗捐等引发重大事件的诱因，力图做好应对准备。

《劳动界》周刊的发刊词开宗明义地指出"宗旨在改良劳动界的境遇……一个中国劳动阶级有力的言论机关"。创刊不易,深入劳动界更是一个艰苦的长期过程。1920年秋,上海共产党早期组织成员李启汉在纺织工人最集中的沪西小沙渡创办了一所工人半日学校,地点在槟榔路(今安远路)锦绣里3弄(号)。他特地学了上海方言以便与工人打成一片。在短短半年内,学校便组织成立了上海印刷工人会、上海烟草工人会等许多进步工会。10月3日,在新渔阳里6号召开了上海机器工会筹备会。11月21日上海机器工会正式成立时,邀请了孙中山、陈独秀等人前来演讲。陈独秀曾著文热情赞扬了上海各业工会代表团,他说:"鄙人对于新组织的上海各业工会代表团,抱有无穷的希望;现在他们居然能够觉悟……居然能够集合机器、纺织、印刷、烟草等真正工人的工会筹备组织,更加令人不能不欢迎佩服了。"面对风云暗涌的工人运动,北洋政府似乎嗅出了其中潜藏的危机,于是,一张张公文密令雪片似的飞来,企图将工人运动扼杀于萌芽之中。新渔阳里6号刚开过上海机器工会发起会,松沪护军使[①]何丰林就电告北洋军阀政府,称"社会党陈独秀来沪,勾结俄党……在租界组织机器工会。并刊发杂志,鼓吹社会主义,已饬军警严禁"[②]。

1921年,在历史的承接与演进中迎来了近代中国的新拐点。

租界里的文化出版政策逐渐收紧,中国共产党发起组编辑的刊物也陷入了步步惊心的境地。1921年初,《新青年》月刊的出版发行遭到破坏,第8卷6号"排印将完的时候,所有稿件尽被辣手抓去,而且不准在上海印刷"(见第9卷1号"编辑室杂记")。初春时,《共产党》月刊正排出第3期,突遭租界密探查抄,编辑部只得在此期一页空白纸上写下"此页被上海法捕房没收去了"一行字。

1921年五一节之前,在中国共产党发起组的领导下,学校、社团、报馆中的进步人士在新渔阳里6号召开了三次庆祝五一劳动节的筹备会,而这些活动均被《警务日报》记载下来:

> 24日,早上9点10分。在霞飞路(Avenue Joffre)渔阳里(Yu Yang Lee)6号召开的会议讨论了庆祝五一劳动节的方式和途径,会议有34人参加。会议决定于5月1日在斜桥附近的公共体育场举行大型集会……可能会参加5月1日的会议。要求商店关门停业,在5月1日悬挂旗帜。会议还决定了于4月28日

①
1915年11月合并上海镇守使、松江镇守使而设。

②
载《申报》,1920年10月16日。

晚上 7 点举行另一个会议。这次会议由李启汉（Li Chi-hoen）主持，于晚上 12 点 20 结束。

29 日，关于 5 月 1 日庆典准备联合会的会议在霞飞路渔阳里 6 号晚上 8 点召开，会议主席是现在失业的前湖南学生李启汉，大约 20 个人参加了会议。会议决定派出四人去龙华护军使署访问，并要求准许他们在 5 月 1 日的西门外公共体育场举行大型集会。由于法捕房两名华人警探的出现，会议讨论内容受到了相当的限制。会议于当晚 10 点结束。

30 日，法国警方代表昨天中午去到了渔阳里 6 号，也就是 5 月 1 日劳动庆典准备活动的总部。警方搜查了该处并发现一些传单。他们还警告与会人员不要在这里开会。会议组织人员散去了，新来了几个学生在这里。

一份传单已被印刷出来，将于 5 月 1 日由商人和劳工互助会（Merchants and Labourers' Mutual Aid Society）散发，以下是传单内容：5 月 1 日，伟大的纪念日。醒来吧，劳工们和商业员工……[1]

尽管受到严密监视，五一劳动节当日，中国共产党发起组成员还是集体出动，散发标语传单。几名热血青年到先施公司的七层楼上，像"天女散花"似的把传单、标语撒到大马路（今南京东路）上，不仅惊动了行人，也忙坏了印度巡捕。这样，"在上海也算是起了一个不大不小的震动"[2]。这是中国共产党发起组领导下的第一个五一劳动节庆祝会，昭示了共产党与工人运动结合的雄伟力量。

在中国开展了卓有成效的联络和建党准备之后，1921 年初，维经斯基受命回国。4 月初，列宁向中国派出共产国际的正式代表马林。6 月 3 日，马林乘船抵达上海十六铺码头。在李达、李汉俊的协助下，1921 年 7 月 23 日，中国共产党各地早期组织的代表有史以来第一次汇聚在一起，在树德里 3 号的石库门里召开中共一大，正式宣告中国共产党的诞生。一个新型马克思主义政党经过能量积蓄期，犹如一座火山，终于到了喷发的临界点。一件开天辟地的大事变在中国拉开了历史帷幕。

正是由于上海在近代中国政治、经济、文化中的独特地位，工人阶级在这里登上历史舞台，早期共产主义者在这里率先践行理想信念，于是催生了一个新型的无产阶级政党的诞生。

①

上海公共租界工部局警务处：《警务日报》，1921 年 4 月 25 日、29 日、30 日。（上海市档案馆藏）

②

包惠僧：《党的一大前后》，载《一大回忆录》，北京：知识出版社，1989 年：第 29 页。

树德里的灯光

——美、俄档案侧记中国共产党第一次全国代表大会

中国共产党第一次全国代表大会旧址

共产国际代表现身上海

　　1921 年夏季的上海，濡湿闷热。租界的洋人们一如既往地沉浸在由异域财富带来的巨大快感之中，而上海的小市民正终日辛勤劳作。没有人注意到，那天下午，一位身材高大的外国人踏上了十六铺码头的台阶。这个外国人化名安德莱森，年近四十，戴一副金丝边框眼镜，衣着考究。他搭乘的"阿奎利亚"（Acquila）号轮船经过一个半月的航行来到上海。自 3 月份离开莫斯科后，他途经维也纳、威尼斯，到达上海已是 6 月 3 日。这个外国人正是共产国际派往中国的代表——马林（原名亨德立克斯·斯内夫利特）[①]。在此前后，共产国际远东书记处代表尼克尔斯基也来到了上海。

　　他们来不及欣赏这座城市的繁华景象，而是急切地要面见李达、李汉俊两位中国人。李达、李汉俊曾经留学日本并读过大量社会主义文献，此时已是中国共产党发起组成员。他们接待了这两个陌生的外国来客。此时，陈独秀并不在上海。他于 1920 年 12 月接受了陈炯明的邀请，去广州担任教育行政委员会委员长，主持广东的教育工作，并指导广东的建党工作，直至 1921 年 9 月才返回上海。自上海临出发前，陈独秀把党的书记职务交给了李汉俊（1921 年 2 月后转由李达担任代理书记）。当时，李达主编《共产党》月刊，陈独秀就把《新青年》杂志的编辑工作交给了陈望道，新加入《新青年》编辑部的还有沈雁冰、李达、李汉俊。

　　从 1920 年秋到 1921 年上半年，北京的李大钊、武汉的董必武、济南的王尽美和邓恩铭、长沙的毛泽东、广州的谭平山以及留日的施存统、旅法的张申府等人已先后组建了地方共产党早期组织。如何将这些分散的小组发展成一个有影响力的政党？马林、尼克尔斯基与李达、李汉俊商议，应当尽快召开全国代表大会和宣告成立中国共产党等事宜。于是，李达、李汉俊立即写信，函告各地共产党早期组织，让各地速速选派两名代表赶赴上海开会，并邮寄了路费。

　　关于中国共产党第一次全国代表大会的筹备工作情况，马林于 1921 年 7 月 7—9 日曾致信共产国际远东书记处。在信中，他首先回顾了旅途的艰险，汇报自己于 4 月 10—14 日在奥地利的维也纳被搜捕，护照被维也纳警察交给了当地外交部。马林呈言："奥地利当局把我驱逐出境，当然也就把此事通知了我拟途经的那些国家的大使，因此驻科伦坡、槟城、新加坡和香港的英国警察便跟踪我，搜查了我的行李……"[①]

其次，马林介绍了中国共产主义的发展情况："到现在为止有五十名中国同志组成了一些不大的组织。分布在北京、山东、汉口、重庆、广州和上海。"对于筹备召开中共一大，马林写道："我们的同志与几名中国同志一道正在筹备共产党的代表大会，约在 7 月举行，将要讨论实际办法并开始集中组织工作。"[②]

而在另一封致 B·M·科别茨基的信中，马林透露了自己对中共一大召开的期待："希望本月底将要召开的代表大会大大有利于我们的工作。同志们那些分散的小组将会联合起来。此后就可以开始集中统一的工作了。"[③]

①②
《马林致共产国际远东书记处的信》（1921 年 7 月 7—9 日）。中共一大会址纪念馆：《中共首次亮相国际政治舞台档案资料集》，上海：上海人民出版社，2016年：第 142 页、146 页。

③
《马林致 B·M·科别茨基的信》（1921 年 7 月 7—9 日）。中共一大会址纪念馆：《中共首次亮相国际政治舞台档案资料集》，上海：上海人民出版社，2016年：第 149 页。

部分代表在博文女校住宿

法租界贝勒路、望志路（今黄陂南路、兴业路）交叉口的树德里是一条典型的上海石库门弄堂。树德里内有前后两排砖木结构的楼房。沿马路一排 5 幢石库门房屋为望志路 100—108 号（今兴业路 70—78 号），都是一上一下的单开间房屋，各有一个大门和天井。其中的 106 号和 108 号就是李汉俊二哥李书城的寓所。房子是 1920 年夏秋之际才建成的，建成不久就被李氏兄弟租下住了进来。房子外墙青红砖交错，中间镶嵌着白色粉线；乌黑木门搭配一对铜环，庄严而典雅。两幢石库门内部打通，前门通常不开，日常出入的是 108 号的后门，客厅则设在 106 号。李汉俊冒着极大的风险，将寓所 18 平方米的客厅布置成中共一大的秘密会场。

距树德里不远的白尔路 389 号（今太仓路 127 号），有一座两层砖木结构、内外两进的石库门建筑。这是当时私立博文女校的校址，也是中共一大九名代表的临时住宿地。6 月末到 7 月中旬的那个夏季，这群年轻人舟车劳顿，风尘仆仆地赶到这里。他们身着粗衣布衫，睡在空教室的地铺上，操着南腔北调，谈论着来时路上的见闻。

最年长的是前清秀才何叔衡，当时已经 45 岁了，他和 28 岁的毛泽东一道，于 6 月 29 日那个黑云蔽天的夜晚悄悄地从长沙赶赴上海。

中国共产党第一次全国代表大会部分代表宿舍旧址

为了保密，他俩甚至没有告诉特来送别的好友谢觉哉此行的目的。当日，谢觉哉在日记里记下："午后 6 时叔衡往上海，偕行者润之，赴全国〇〇〇〇〇之招。"[①]（这五个圆圈，谢觉哉后来解释说是"共产主义者"，当时他怕泄露信息，故以圆圈代替。——笔者注）1952 年，谢觉哉追忆了毛泽东和何叔衡离开长沙时的情景。他写道："一个夜晚……忽闻毛泽东同志和何叔衡同志即要动身赴上海，我颇感到他俩的行动突然，他俩又拒绝我们送上轮船。后来知道，这就是他俩去参加中国共产党第一次全国代表大会。"

与会代表中，水族人邓恩铭刚年满 20 岁，还是山东省立一中的一名学生，他与王尽美一起作为山东代表，较早地来到这里。王尽美是山东党组织最早的组织者和领导者之一。他于 1925 年因积劳成疾而辞世，成为中共一大代表中最早为革命献身的志士。

在五四运动中因组织学生运动出名的张国焘时年 24 岁。为了筹备这次会议，他提前由北京南下上海。他来到博文女校，环顾同仁们，有一位湖南年轻人进入了他的视线。在《我的回忆》中，他描述了对这位湖南人的初次印象："毛泽东身着长布衫，脱不了湖南的土气，是一位较活跃的白面书生。他健谈好辩。"[②]在长征中，因为张国焘分裂党中央的活动，毛泽东等人与其进行了坚决的斗争。

董必武与陈潭秋同是武汉代表。在同仁眼里，董必武为人淳朴，蓄着八字胡子，像一个老塾师，在言谈中才流露出革命家的刚毅风格。28 年后，这群年轻人中只有董必武和毛泽东参加了中华人民共和国开国大典。周佛海是唯一从日本鹿儿岛赶回来的一大代表，他早已褪去身上的湖南土气，言行风流潇洒，倒像个"老上海"。包惠僧是一位初出茅庐的新闻记者，他受陈独秀的派遣出席大会。

与住在博文女校的这九名代表相比，有一个人的装束极为时髦入流，他西装革履，打着领带，花钱也十分阔绰。这位名叫陈公博的广州代表，偕妻子住在繁华的南京路上的大东旅社，此行还兼有蜜月旅游的目的。

对于这次大会，陈独秀因担任广东政府教育委员会委员长，事务繁忙，无暇赴会，于是委派陈公博代表广东共产党早期组织、包惠僧为其私人代表去了上海。陈独秀还让包惠僧带来了对党纲制定的四点

① 谢觉哉:《谢觉哉日记》（上），北京: 人民出版社, 1982 年: 第 49 页。

② 张国焘:《我的回忆（第一册）》，北京: 东方出版社, 1980 年: 第 135 页。

①

张国焘:《我的回忆（第一册）》，北京：东方出版社，1980年：第147页。

意见供讨论："一曰培植党员；二曰民主主义之指导；三曰纪律；四曰慎重进行发动群众。"①这些意见对党纲中关于组织原则的制定起到了积极作用。儒雅温和的李大钊时任北大教授兼图书馆主任，当时还兼北京国立大专院校教职员代表联席会议主席，要全力领导已持续了几个月的反对北洋政府拖欠教育经费的"索薪斗争"，实在分身乏术。当然，陈独秀、李大钊虽然没有出席中共一大，但这丝毫不影响两人在中共创建史上作为主要创始人的历史地位。

1921年7月23日晚，望志路106号（今兴业路76号）李公馆一楼的客厅内，一张大大的长方形餐桌边围坐着15人。其中的11人是接到中国共产党发起组的书信秘密赶来的，他们是7个共产党早期组织的代表。他们代表着全国的50多名党员。还有2人是高鼻梁的共产国际代表，他们当年也许没预料到，他们参与的这次会议竟会在中国历史上留下如此浓墨重彩的一笔。对于这群人以后的峥嵘岁月来说，这次会议或许只是历次有惊无险经历中的一次，以致多年后，他们中无人能确切回忆出这次大会的具体日期。

中国共产党第一次全国代表大会代表（中国共产党第一次全国代表大会旧址纪念馆内浮雕墙）

李公馆里讨论党纲和决议

那是一个让人慵懒欲睡的夏夜。李公馆内秘密聚集的13名中共代表和2名共产国际代表却目光锐利，激情澎湃。由于"南陈北李"的缺席，大家推举学生运动领袖张国焘为大会主席，年轻的毛泽东与周佛海担任记录员。大会上，马林分析世界形势，介绍第三国际的活动概况，说明中共成立的重要性等，滔滔不绝，竟讲到了深夜。马林体格强健，言语间展现着雄辩家的口才。他坚持自己的主张，那股倔强劲就好像要与反对者决斗。毫无疑问，这些特质深深地震撼了这群青年人。十几年后，毛泽东仍然记忆犹新，说马林"精力充沛，富有口才"；包惠僧也回忆说马林对马克思、列宁的学说有精深的素养，声若洪钟，口若悬河，有纵横捭阖的辩才。

23日第一次会议，张国焘宣告会议开幕，并介绍了大会筹备的经过，拟定了会议日程。24日第二次会议，听取了各地党、团工作情况的报告，成立起草《党纲》和《关于当前实际工作的决议》的委员会。25日、26日休会两天，由张国焘、李达、董必武起草文件。党纲与政纲是最难拟订的，但大家一致认为非有这些文件不可。张国焘等人汇集陈独秀和各代表所提出的意见，先行拟出了两个草案，再交由李汉俊、刘仁静、周佛海等共同审查。

27日至29日的三天会议，在讨论《党纲》中的"共产党的基本任务和原则"时，与会代表进行了激烈的争论。由于代表们各自的文化背景以及对马克思主义的认识和理解不同，在对待孙中山政府的态度、能否在现政府就职、当前共产党人的主要目标是着重做学问研究还是积极从事工人运动等问题上，他们均展开了充分的讨论。最后，大家归纳出一致意见：中国共产党应确立无产阶级专政的基本原则，着重理论研究和实际的工人运动，扩大共产党的组织与影响。

30日晚，大会开到第六次会议时，会场突然误闯进一名法租界包探。马林不愧是一名革命经验丰富的地下工作者，他立刻让与会代表转移。代表们离开不过一刻钟，巡捕和警探就扑进会场。李汉俊及特意留下来的陈公博与巡捕慎重周旋，化解了这次危机。李公馆是不能再开会了，代表们采纳了李达夫人王会悟的建议，转移到距上海约100公里的

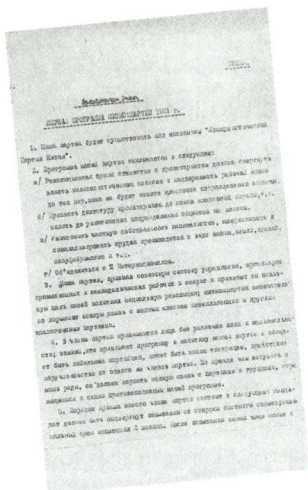

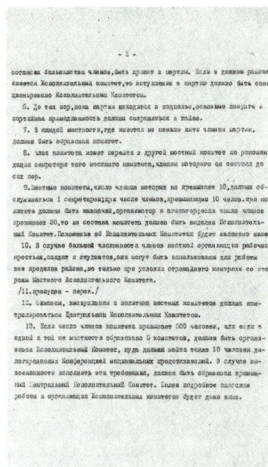

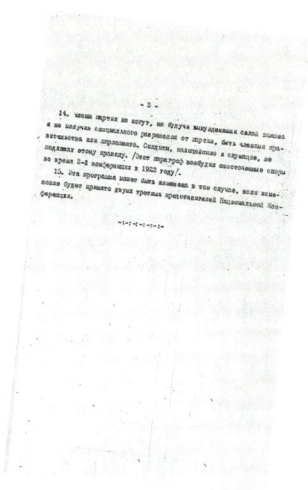

中共一大通过的《中国共产党党纲》（俄文版）

浙江嘉兴继续开会。8月初的一天，会议代表们来到上海北火车站，乘上了上海开往嘉兴的火车。几个小时后，嘉兴南湖上便出现了这批革命者的身影。两位共产国际代表因担心自己的老外面孔会暴露目标，所以没有随行；陈公博所住的大东旅社半夜发生情杀案，他便借故到杭州游玩，也没有参加南湖会议。

浩渺的湖波中，一艘画舫上，代表们召开了最后一次会议。会议推举陈独秀、李达、张国焘三人组成中央局，陈独秀任中央局书记（尽管此时他仍在广州）。1921年9月，陈独秀正式辞去公职，回到上海专任共产党中央局书记一职。会议还通过了党的纲领和关于工作任务的决议，正式宣告了中国共产党成立。

自觉担当起改变中国的使命

中共一大确定党的名称是"中国共产党"。

代表们在激烈争论后通过的《中国共产党第一个纲领》和《中国共产党第一个决议》确立了中国共产党的纲领及奋斗目标，纲领明确提出要把工人、农民和士兵组织起来，并确定党的根本政治目的是实行社会革命。令人惋惜的是，这两份珍贵文件的原件都没有保存下来，现存于世的仅有苏联移交给中国的俄文版和陈公博撰写的英文版。

陈公博后来脱党，于1923年2月进入美国哥伦比亚大学学习，于

1924 年完成了《共产主义运动在中国》的硕士学位论文，并在其论文附录中收入了中共一大的纲领和决议案这两份文件。后来，这两份文件随着学术交流传回中国，这是英文版中共一大党纲的由来。俄文版是在 1957 年苏共中央向共产国际中共代表团移交档案时一并交回中国的，现保存于中央档案馆。这两个版本的具体内容完全相同，只是在个别文字上略有差别。

《中国共产党第一个纲领》共 15 条，约 700 字，确定了党的名称是"中国共产党"，旗帜鲜明地把社会主义和共产主义规定为自己的奋斗目标，并且坚持用革命的手段来实现这个目标。此外还确定了党的基本政策，提出了发展党员、建立地方和中央机构等组织制度，兼有党纲和党章的内容，是中国共产党的第一个正式文献。

中共一大闭幕后，大多数代表陆续回到所在地。当时，这些代表尚未成为职业革命家，他们或求学，或任教，或任职，但他们都积极从事建党、建团的一系列工作。张国焘、李达、周佛海、包惠僧、刘仁静留在上海部署中央的工作。不久后，周佛海返回日本鹿儿岛的学校。直至 1921 年 9 月陈独秀从广州返回上海，专任党中央书记一职。

当年参会的 13 名代表的平均年龄尚未超过 28 岁，作为领袖人物的陈独秀、李大钊亦只有 42 岁和 32 岁，都如朝日般朝气磅礴、意气风发。他们中具有大学学历的就有李达、李汉俊等 7 人，中师学历的有毛泽东等 4 人，高师学历的有陈潭秋 1 人，中学学历的有邓恩铭 1 人。在滚滚的历史潮流中，他们辨别着时代前进的方向，树立自己的理想，选定了自己的道路。真可谓"大浪淘沙，沉者为金"。这些代表中有奋斗目标始终如一的毛泽东、董必武、王尽美、何叔衡、邓恩铭、陈潭秋六人，有离开党组织后仍然为党作出有益贡献的李达、李汉俊等人，也有脱党并为后人所不齿的陈公博、周佛海、张国焘三人。

而这次会议的开幕时间，直到新中国成立后，经学者多方考证，方才确定在 1921 年 7 月 23 日。

中国共产党自成立肇始，就确立了鲜明的旗帜，规定了革命前进的方向。"作始也简，将毕也巨。"中国共产党的诞生"这是开天辟地的大事变，深刻改变了近代以后中华民族发展的方向和进程，深刻改变了中国人民和中华民族的前途和命运，深刻改变了世界发展的趋势和格局"。

风云翻卷上海滩

——详解中国共产党第二次全国代表大会始末

陈独秀与马林的矛盾

1921 年 9 月 10 日，一位手提皮箱的中年男子步履稳健地走进上海法租界环龙路老渔阳里 2 号。这名中年男子就是陈独秀。在上海秘密召开的中共一大会议上，陈独秀被推举为中央局书记，尽管他当时仍在广州。这次，他应共产国际代表马林的要求，从广州教育行政委员会委员长的职位上告假（实为辞职）回沪，是要专任中国共产党中央局书记了。此时，在中央局工作的只有陈独秀、张国焘、李达三人。三人常在陈卧室楼下的客堂间或统厢房里聚会。当时决定宣传工作仍以《新青年》为公开宣传刊物，由陈自己主持。

几天后，陈独秀会见马林，商谈党的工作。始料未及的是，两人初次见面就爆发了冲突。马林以"钦差大臣"的姿态自居，要求陈独秀每周都要向他汇报各项事务以及中国共产党接受共产国际的援助等事宜。陈独秀看着这位戴一副金丝边框眼镜、衣着考究的洋人，怒气直冲头顶，吼道："摆什么资格！不要国际帮助，我们也可以独立干革命！"这位新文化运动的领袖，拥趸无数，虽过不惑之年，但耿直的脾气不改，坚守原则，与人辩论动辄拍桌子，争论起来面红耳赤。中共一大后的党中央办公地点仍在老渔阳里 2 号陈独秀的寓所，办公经费捉襟见肘，陈独秀的生活开支源于亚东图书馆出版的《独秀文存》版税。

不巧的是，陈独秀回沪不到一个月，10 月 4 日，他在寓所被法租界巡捕房抓走。同时被捕的还有他的夫人高君曼以及前来商讨工作的柯庆施、杨明斋和包惠僧。经过马林和张太雷等人的全力营救，几天后陈独秀出狱。经历这次磨难，马林和陈独秀两人才彼此刮目相看，最终互相谅解。据张国焘回忆，陈独秀与马林从此经常见面，毫无隔阂地商讨各项问题。中共中央计划也按时送交马林一份，马林似从未提出过异议。关于政策方面，陈独秀也经常将马林的意见向中央会议报告。

1921 年 12 月，马林由翻译张太雷陪同，经陆路到中国南方考察并与孙中山在广西桂林会谈。以马林的观察，他认为国民党具有广泛的社会影响力，而中国共产党还是一个革命的小团体。如果实行国共党内合作，将大大推进中国的革命运动。1922 年 2 月 7 日，马林一回到上海便试图说服陈独秀等人接受这一主张。但是这次，他的主张受到了陈独秀的抵制。因看法不同，两人之间又出现了抵牾。

革命经验丰富的马林深知，陈独秀个性执拗，不会轻易改变观点。但是，如果共产国际能支持自己所提的国共党内合作的方案，那么，中国的局势将向自己设想的方向发展。作为共产国际的一个支部，中国共产党必须服从共产国际的领导。为了从共产国际得到支持，马林于4月24日离开中国前往莫斯科，以期为实现自己的计划而努力。

与此同时，为了表明共产党人对于时局的观点，统一全党意见，陈独秀也在积极筹备召开中国共产党第二次全国代表大会。

召开中共二大

据档案资料显示，对1922年7月即将召开的中共二大，中国共产党是有充分准备的。1921年11月，陈独秀签署第一号《中央局通告》时就部署了中共二大前的工作："上海北京广州武汉长沙五区早在本年内至迟亦须于明年七月开大会前，都能得同志三十人成立区执行委员会，以便开大会时能够依党纲成立正式中央执行委员会。"这份通告的抬头用"同仁大鉴"，落款用"T·S·Chen"，表述方式隐晦，邮寄到全国各地方党组织。

1922年1月21日，共产国际在莫斯科召开远东劳苦人民大会，提出无产阶级要在民族革命中与农民建立联盟，并在此基础上与本国资产阶级民主派建立革命统一战线。大会结束后，中共代表张国焘于3月返回上海，向陈独秀详细汇报了这次会议的精神。陈独秀听后若有所思地说："目前中国革命不是工人阶级反对资产阶级，只是反外力侵略和反对军阀。环顾全国，除国民党可以勉强说得上革命外，并无别的可观的革命势力。"他意识到了建立"民主联合战线"的必要性。

1922年6月15日，中共中央局公开发表《中国共产党对于时局的主张》，这是中共成立后第一次发表对时局的主张。文章指出，目前"只有国民党比较是革命的民主派，比较是真的民主派"，而"无产阶级在目前最切要的工作，还是应该联络民主派共同对付封建军阀的革命，以达到军阀覆灭能够建设民主政治为止"。中国共产党主张同国民党等革命党派，以及其他革命团体，建立民主主义的联合战线，进行反对帝国主义和封建军阀的革命。这显然不同于马林提出的国共党内合作的方案。

那时，李达夫妇已离开老渔阳里2号，租住在上海公共租界南成都路辅德里625号（今老成都北路7弄30号）。这对夫妇文质彬彬，待人诚恳。邻居们谁也不知道，他们的寓所里隐匿着中国共产党的第一个出版社——人民出版社。成立仅仅一年，该社就出版了15种马克思主义的书籍，并寄送到各地方党组织。

7月16日，李达身着长衫，在一楼客厅忙着准备会议。上海的天气炎热，汗珠不停地从他的额角沁出。不一会儿，陈独秀推门进来，他放下文件包，泰然说道："没发现有人跟踪。我们今天开一次全会，后面还是分成小组讨论吧！"事实上，这次会议采取了严格的保密措施，第一次全会召开后，代表们就分成几个小组分散地点讨论。这样，为期8天的会程中只举行了3次全体会议。

16日，湖南代表蔡和森进入辅德里，踏过石板路，推开了625号的黑漆大门。由于领导留法勤工俭学学生斗争，他已于1921年底被法国政府强行遣送回中国。随后，中央局委员张国焘、湖北代表许白昊、山东代

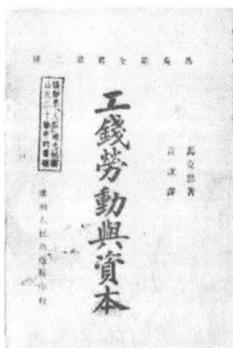

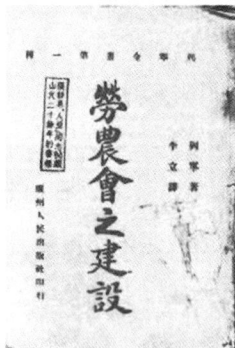

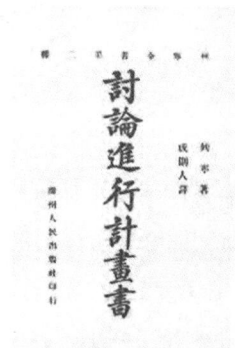

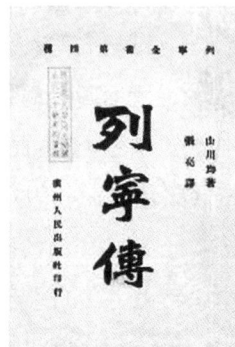

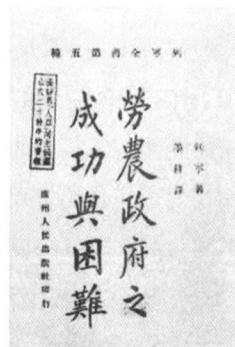

人民出版社出版的第一批图书

表王尽美、上海代表杨明斋、北京代表罗章龙、广东代表谭平山、中国劳动组合书记部代表李震瀛、中国社会主义青年团临时中央局代表施存统等人陆续进来。这次大会上，中央局代表是陈独秀、李达和张国焘3人，地方党组织代表7人，还有中国劳动组合书记部和中国社会主义青年团代表2人，共12人出席会议。看到各位代表聚齐，陈独秀郑重宣布会议开始。这一群中国革命的精英聚集在八仙桌前，畅议中国革命的光明前途。为了会议的安全，李达的妻子王会悟抱着孩子在门口放哨。

据李达回忆，中共二大的代表不是各地党支部民主选举产生的，而是指定了部分党的骨干，如李大钊、毛泽东、蔡和森等人，另一部分代表是从莫斯科参会回国后直接作为该省代表参会的。由于会期紧急，李大钊没有如期赶到，缺席了会议。毛泽东也未出席会议。1936年，毛泽东曾对斯诺回忆说："我被派到上海去帮助组织反对赵恒惕的运动。那年冬天（时间回忆有误——笔者注），第二次党代表大会在上海召开，我本想参加，可是忘记了开会的地点，又找不到任何同志，结果没有能出席。"[1]

陈独秀主持大会并代表中央局向代表们作一年来的工作报告；张国焘根据从苏俄带回来的英文打字宣传品，分析了国际局势，报告了远东各国共产党及民族革命团体第一次代表大会的情况；年轻的团中央书记施存统报告了1922年5月召开的中国社会主义青年团第一次全国代表大会的情况。

大会的重要任务是起草一份政治宣言。那么，由谁来执笔呢？代表们推举陈独秀、张国焘、蔡和森组成起草委员会。陈独秀全面分析了中国的社会政治经济情况，花了两天时间起草了初稿。在随后的几次讨论中，蔡和森又提出了许多补充和修正意见。当9000余字的《中国共产党第二次全国代表大会宣言》呈现在代表们面前时，大家不禁惊呼起来。因为这份宣言对中国革命的性质、动力和对象都作出了精确的论断，并且制定了中国

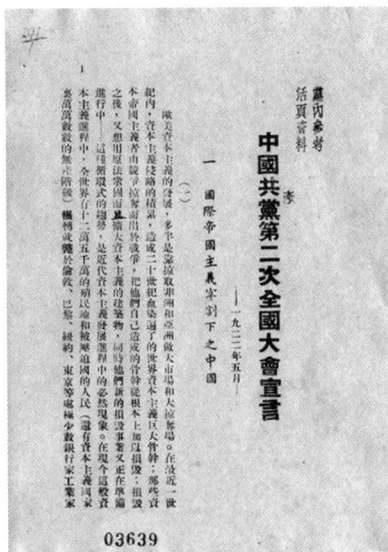

中共二大宣言

① 埃德加·斯诺：《红星照耀中国》，北京：人民文学出版社，2016年：第124页。

共产党的最低纲领和最高纲领，明确了中国革命分两步走的战略目标。这是民主革命历史上理论认识的新高度。

关于国共合作问题，有一段文字折射出中国共产党独立自主的革命探索精神的光芒："无产阶级一方面应该联合民主派，但绝不是投降附属与合并，因为民主派不是代表无产阶级为无产阶级利益而奋斗的政党，共产党需要独立做自己阶级的运动。"在中国共产党成立一年后，中国共产党人就认定要保持政治独立性，这彰显了共产党人的政治远见。

这次大会通过了九个决议案，创造了共产党历史上的多个"第一次"：第一次公开发表了《共产党宣言》；第一次制定了完整的《中国共产党章程》；第一次明确提出党在现阶段的行动方针和革命任务，即进行反帝反封建的民主革命。当时，一般的中国人不知道帝国主义为何物，连胡适也认为"反对帝国主义"是海外奇谈。这次会议后，经过中国共产党的宣传和介绍，"反对帝国主义"思想才走进大众视野，并广为人知。大会通过的《关于"民主的联合战线"的议决案》是党最早提出关于统一战线的思想和主张，对推动中国革命的发展具有重大意义。

这次会议的成果是鼓舞人心的。在大会结束的 23 日，陈独秀已然忘记

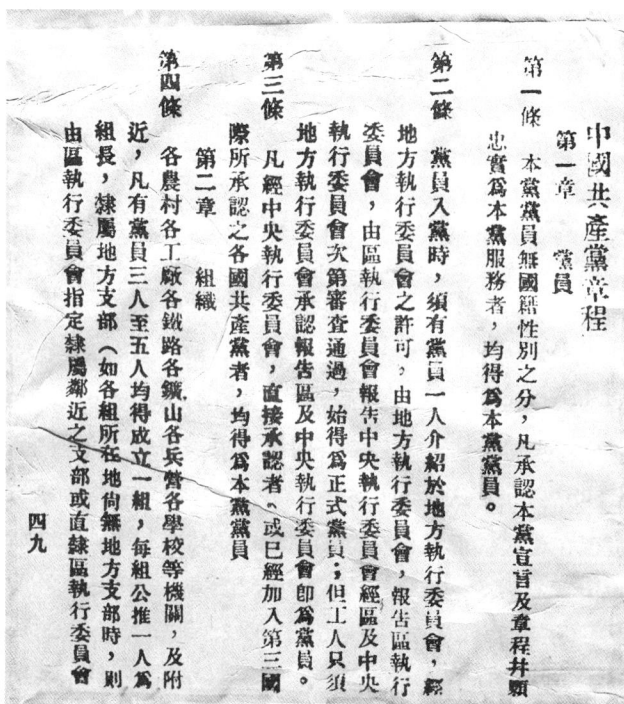

中共二大通过的《中国共产党章程》第一章

这是秘密会议，直接从座位上站起来，宣读大会通过的文件。中共二大决定创办中共中央机关刊物《向导》周报，由蔡和森负责主编。《向导》周报于9月13日正式创刊，大小为16开，报社设于上海老西门肇嘉路（今复兴东路），后迁至武汉，共出了201期，至1927年7月18日停刊。这样，《新青年》杂志宣传马克思主义理论，《向导》周报负责宣传中国共产党现阶段的革命行动方针和革命策略。1922年盛夏的石库门秘密会议结出了累累硕果。

1922年，直奉军阀的战争导致国内狼烟四起，胡适正奔波于各路军阀要人之间，几乎没人关注到一群共产主义的精英提出了有关中国革命的建设性纲领。是年，上海的《密勒氏评论报》做了一次"中国当今十二位大人物"的问卷调查，调查结果是孙中山位居榜首，军阀吴佩孚和阎锡山等亦赫然在榜，无一位共产党人上榜——成立一年的共产党还未走进大众的视野。不久之后，中国共产党领导下的工人运动才让世人逐渐注意到这个共产主义组织的力量。

那一年，鲁迅振臂呐喊："我们的第一要著，是在改变国民的精神！"而中国共产党人已经在为改变中国面貌行动了！

西湖会议新成果

中共二大召开前后，中国发生了一桩爆炸性事件。1922年6月，陈炯明发动武装叛乱，炮轰广州总统府，孙中山在蒋介石的护送下，于8月13日匆忙至上海莫利爱路29号（今香山路7号）的寓所避难。叛变来自最亲信的部下，身心遭受重创的孙中山意识到，缺乏真正的革命力量，仅依靠地方实力派，是无法实现"三民主义"的目标的。

历史发展的轨迹不可预设。有时，意外事件虽令人措手不及，却又暗含转机。此事为国共合作埋下了伏笔。

马林回到莫斯科后，参加了共产国际第三次代表大会，汇报了中国国内的详细情况，并提出共产党在组织上同国民党结合的建议，这引起了共产国际的高度重视。共产国际执委会采纳了马林的建议，用英文起草了给中共中央的指令，要求中国共产党人与马林在工作上保持一致："中国共产党中央委员会接此指令后，请据共产国际执行委员会主席团1922年7月18日决定，立即将驻地迁往广州，并与菲力浦（即马林）同志密切联系开展工作。"[1]

①
李玉贞:《马林传》，北京：中央编译出版社，2002年：第160页。

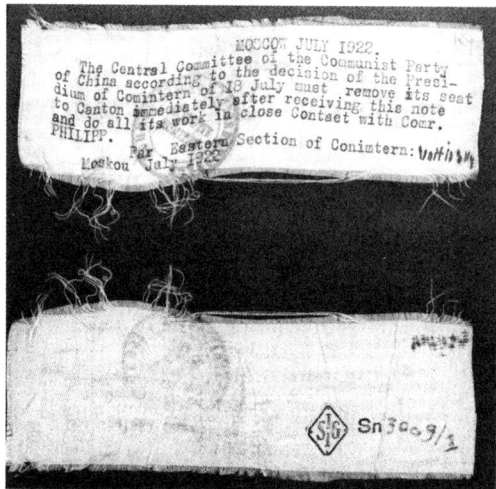

1922 年 7 月 18 日，共产国际远东局委托马林带给中共中央的指示，要求中共中央必须立即迁往广州。原文印在马林衬衣上，由维经斯基签发。

7 月 30 日，共产国际三大通过了《中国共产主义运动的现状》，采纳了马林的意见，断定孙中山领导的国民党对工人阶级有着明显的影响，批评陈独秀和中国共产党人未能充分利用这一形势去加强联系工人群众。同一天，《真理报》摘要还发表了这篇文章。有了共产国际的明确支持，马林信心百倍，将 7 月 18 日的命令用打字机打在自己的丝质衬衣上，于 8 月初返回上海。

当得知中共二大已经结束，马林展现出雄辩家的口才，要求召开一次中央执行委员会会议，以执行共产国际的最新指示。其时，李大钊这位中共的重要创始人于 8 月上旬来到上海。大家认为，李大钊和马林都没有参加中共二大，而马林又提出了不同意见，于是决定在杭州西湖秘密举行一次特别会议。

1922 年 8 月 29—30 日的中共西湖特别会议上，马林、陈独秀、李大钊、张国焘和蔡和森等 7 人专门就国共两党合作的问题进行了两天的辩论。马林坚持"共产党员以个人身份加入国民党"的方案，并且拿出丝质衬衣上的"尚方宝剑"，说这是共产国际已经决定的政策。他坚持自己主张的那股倔强劲，好像要与反对者决斗。虽然陈独秀、蔡和森等人极力反对，但最后还是通过了国共"党内合作"的政策。陈独秀在会上发言甚多，提出"党内合作"将无法保证共产党的组织独立性，工作受牵制等担忧。最后他申言："如果这是共产国际的不可改变的决定，我们应当服从，至多只能申述我们不赞同的意见。"经过马林的解释和说服，并经过充分讨论，会议决定在孙中山改组国民党的条件下，由共产党少数负责人先加入国民党，同时劝说全体共产党员以个人名义加入国民党。这次会议是中国共产党关于国共合作政策由党外合作到党内合作的转折点。①

①
中共中央党史研究室：《中国共产党历史》第一卷（1921—1949）上册，北京：中共党史出版社，2011 年：第 84 页。

杭州西湖会议前李大钊致信胡适，谈及即将与陈独秀赴杭州参加会议

8月31日或9月1日，陈独秀、李大钊、马林分别去上海拜访孙中山，讨论重振国民党以振兴中国之问题。孙中山赞成共产党员加入国民党的提议。9月初，陈独秀、李大钊、蔡和森、张太雷等人由张继介绍，孙中山主盟，正式加入国民党。

国共合作问题是中共二大前后争论的焦点，这一争论以西湖会议上通过的决议暂告结束。历史的发展证明：西湖会议是中共二大和中共三大之间的一次重要会议，会议初步统一了中共内部关于国共合作的认识。

1923 年 8 月，就在马林成功地推动了国共合作，准备长期在华工作时，他被共产国际调离了中国，后于 1928 年被开除出共产国际执行委员会。1927 年国民大革命失败后，陈独秀因身负大革命失败的责任，黯然离开了中共中央领导岗位。但是，历史还是给了他一个客观公允的评价：新文化运动的精神领袖、五四运动的总司令、马克思主义的主要传播者和中国共产党的主要创始人、中国共产党早期的主要领导人。这样的评价，他是当之无愧的。

　　今天，辅德里 625 号的石库门建筑静卧于延安路高架桥下，从这里出发，中国共产党迈向了更广阔的历史时空。中共二大是马克思列宁主义与中国实际相结合的里程碑，第一次比较完整地提出了民主革命的纲领，第一次制定了党章，第一次提出建立联合战线等。这对于中国共产党的建设和发展，对于整个中国革命产生了积极深远的影响。

蜕变从这里开始

——中国共产党第四次全国代表大会首提支部建设

中国共产党第四次全国代表大会遗址纪念石碑

国共合作的"暗流"

1924 年 9 月 7 日，坐镇上海的中共三大中央局书记陈独秀以毛笔小楷写了一封信给维经斯基：

> ……我们党的全国代表大会将提前举行。我们期望经过不长时间能从您那里得到一千多元钱来支付会议开支……最好，您能再来一次。

担任中国共产党领袖三年有余的陈独秀，在书信中表达了对维经斯基来访的热切期待，也透露了共产党活动经费捉襟见肘的困境。在此之前，他已于 7 月发出一封信，可未见回音。所以，在这封信的开头，他直白地写道："亲爱的维经斯基同志：想必您已收到我的第一封信。也许日内我将收到您的回信。"维经斯基此刻刚刚接替马林担任共产国际驻中国代表，他是共产国际的"中国通"，与中国的共产主义者关系十分密切。1920 年 4 月，他首次来华，在上海会见了陈独秀等人，帮助中国的共产主义者开展建党工作。

那时，维经斯基担负着共产国际与中共中央联络的责任，他一直以平等谦和的态度严慎地执行着莫斯科的指示，与中国的同志从未发生过关于政策的严重争执。此前，他曾于 1924 年 4 月来到中国，并参加了 5 月的中共中央执委会扩大会议。会上，许多党员对共产党被"融入"国民党的现状表示不满。会后，频频有来自中国的相关情报，让共产国际看到了中国革命中的一些复杂问题。经过一番考量，共产国际再次派遣维经斯基来华，并授予其两项使命：传达共产国际五大的精神，指导中共四大的召开；调解中共与鲍罗廷（时任国民党顾问、共产国际秘密代表）之间的意见分歧。

中共与鲍罗廷的分歧来源于国共合作中出现的一系列摩擦。

1923 年 10 月，苏联派出了指导国共合作的代表——鲍罗廷，他不但是斯大林的秘密特使、孙中山和国民党的高级顾问，还是共产国际的秘密代表，因此成为莫斯科、国民党、共产党三者之间的纽带。在鲍罗廷的推动下，1924 年 1 月，国民党一大正式确立了国共合作的方针，共产党员李大钊、谭平山、毛泽东、瞿秋白等 10 人进入到国民党中央执行委员会，占去国民党中执委 1/4 的名额。5 月，国共两党合作创办了黄埔军校，双方关系似乎步入了蜜月期。

但事实上，国共合作中潜伏着令人不安的暗流。国民党内排斥共产党人的势力日益抬头。1924年6月，国民党右派提出"弹劾共产党案"，声称共产党员加入国民党"于本党之生存发展，有重大妨害"，"绝对不宜党中有党"；8月的国民党一届二中全会上，右派又抛出"共产党员友好地退出国民党"的论调。而在共产党方面，多数党员骨干致力于发展国民党的工作，却忽略了共产党自身的组织发展。一些共产党地方组织甚至将共产党的会议停止，把一些政治问题拿到国民党党部去解决。当时的共产党中央，直接从事党的工作的只有陈独秀一人，蔡和森、毛泽东、罗章龙和瞿秋白等人均被调去做国民党的工作。共产党中央机关报《向导》由于缺乏人手，几乎处于半停刊状态。

一个重要的问题摆在共产党人面前：在民主革命浪潮中，共产党是在国民党的旗帜下组织民众，还是由共产党直接组织群众？恰恰在这一问题上，共产国际和中国共产党有着不同的理解。

在国共合作的问题上，鲍罗廷确实付出很多心血，但是他过于注重国民党的力量，并要共产党充当国民党的"苦力"。在他的建议下，国民党甚至成立了"国际联络委员会"，声称拥有解决国共两党争端的全权。对这位苏联"传教士"的做法，共产党表示强烈质疑。陈独秀闻讯后怒不可遏，立即召开紧急会议，并毫不客气地致电鲍罗廷，要他禁止在国民党的会议上进行任何有关共产党问题的辩论，并对此辩论不予承认。

国共合作中的"暗流"为两党关系的破裂埋下了种子。

秘密召开中共四大

根据中共二大通过的首部党章，共产党每年都要召开一次党的全国代表大会。按照惯例，中共四大将于1924年召开。鉴于此，陈独秀在给维经斯基的书信中表达了要举行"党的全国代表大会"（即中共四大）的愿望。

其实，早在1924年8月31日，中共中央即以"钟英"的代号发出《关于召开四大致各地党组织的信》，要求各地同志将一年来党的政策及实际活动的意见写成书面报告汇寄中央局；9月15日，"钟英"又向各地方委员会发出《关于召开四大的通知》，明确指出中共四大定于当年11月召开，并分配了代表名额，要求各地方党组织提交议案。

中共中央两次发出召开中共四大的通知

原定于 11 月 15 日召开的中共四大改为 12 月 20 日召开，继而又被推迟到 1925 年 1 月。有两个原因：一是经费没有及时送达；二是关于中国民族革命的性质，中共与共产国际尚未取得共识。经过讨论，后来维经斯基同意了中国同志的意见。

同时，中国共产党如何在发展过程中增强党组织建设、加强党在工农群众中的力量等，也是亟待解决的问题。来自国共两党的情报让共产国际得出结论：以陈独秀为首的中共中央同鲍罗廷的冲突需要解决；中共中央自身的力量亦需加强。为很好地传达莫斯科的指示，1924 年 11 月底，维经斯基衔命赴沪，寄居在虹口昆山花园的白俄商人家中。他的到来让陈独秀颇为振奋。两人之间虽有十来岁的年龄差距，但自 1920 年初次见面后，双方便建立了良好的关系。维经斯基未敢懈怠，立刻开始了第一项工作。他与陈独秀、彭述之组成了起草委员会，负责起草中共四大的所有提案。为了审定大会的基本材料和提纲，三人还召开了为期一周的中央全会，确定了大会的中心议题。维经斯基的到来使一再推延的中共四大最终举行。

1925 年 1 月 11—22 日，北四川路川公路的一条弄堂内，中共四大正在秘密举行。为了会议的安全举行，宣传干事张伯简几经周折，终于找到这个租界与华界的"三不管"地界，租借了弄堂内一幢三层楼的石库门房子（今虹口区东宝兴路254弄28支弄8号广吉里）。他还将二楼的会场布置成英文补习班课堂的样子，有黑板、讲台和课桌椅，每人有英文课本，参会的维经斯基则装扮成外教。张伯简还安排了一位苏北女工在楼下放哨，一有意外便拉响楼梯口的响铃，以便代表们收起文件，拿出英文课本。

11日午后，弄堂内的百姓们照常为生计忙碌，完全没有注意到身边的这次会议。大会的向导、中共中央宣传部秘书郑超麟陆续将陈独秀、蔡和森、张太雷、周恩来、李维汉、彭述之、李立三等20名代表带入会场。在三张八仙桌拼接成的会议桌旁，陈独秀端坐正中，用铿锵有力的语调做了第三届中央执委会的工作报告。他虽然只有46岁，但由于一直担任中国共产党的领袖，被党员们私下称为"老头子"。在发言中，陈独秀误将李汉俊的名字说成李启汉，经大家指出，他当即承认错误。

彭述之向大会作了关于共产国际五大的情况和决议精神的报告。他是中共旅莫支部推选的代表，也是共产国际指派的人员，所以未经选举便直接参会，并且当选中央宣传部主任，成为这次党代会上迅速崛起的政治新星。维经斯基带来了亲自起草的两项政治议决案，并由瞿秋白译成中文。这次会议上，博学多才的瞿秋白第一次当选中央局委员。在生命最后的泣血之作《多余的话》里，他对自己在这一时期的经历有过一番自我评价。

初次出席大会的周恩来颇为引人注目，他于1924年7月底从巴黎回国。临行前，旅欧共产主义青年团执委会对周恩来作了以下评语："活动能力富足，作文敏捷，对主义有深刻的研究，故能完全无产阶级化。英文较好，法文、德文亦可以看书看报。本区成立的发起人，他是其中的一个。"[①]周恩来回国后不负众望，1924年10月担任黄埔军校政治部主任，同时又是中共广东区委常委兼军事部部长。中共四大上，年仅27岁的周恩来担任大会主席，他明敏干练，对大会上提出的许多问题给予很好的总结提炼。他的出色表现，给与会代表留下深刻的印象。

天津地区代表李逸是搭乘太古公司的客轮赶到上海参会的，他当时是参会代表中党龄最短的年轻人。晚年客居美国纽约的李逸自称是投荒异域的"一支朽物"。在《中共"四大"会议琐记》一文中，他称赞："周恩来主持会议，有条不紊，口齿便捷，应付裕如，充分表现出一位出色的行政人才。"

①

中共中央文献研究室编:《周恩来年谱》（1898—1949），北京：中央文献出版社，1989年：第65页。

关于会议期间的食宿细节，李逸也有深刻的印象：主食不过是塌棵菜加零星的五花肉片；他和部分外地代表睡在三楼的亭子间，棉被长度不够，只得和衣而睡，半夜冻得瑟瑟发抖。会后，他滞留上海，一个人冷清地度过了农历新年。

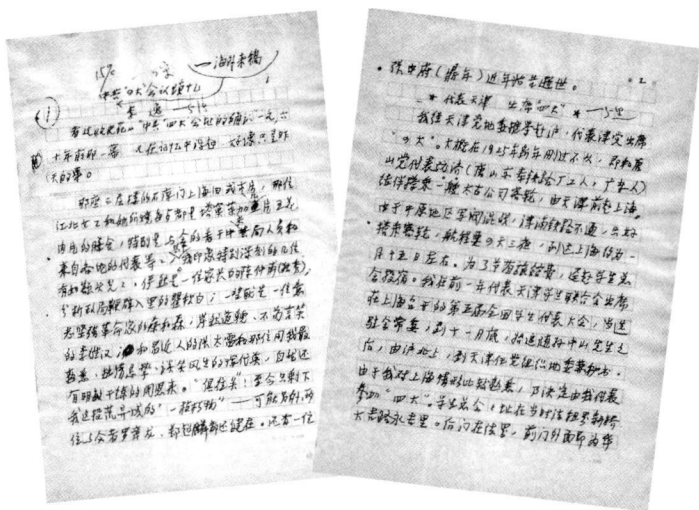

中共四大代表李逸的《中共"四大"会议琐记》手稿

为国共合作呕心沥血的李大钊未能参加这次大会，当时他正协助扶病北上的孙中山，为废除不平等条约和召开国民会议积极奔走。这位中共的主要创始人，有生之年仅参加过中共三大，而缺席了中共一大、二大和四大。毛泽东作为中共三大的中央局秘书，为筹备中共四大做了很多工作，同时还兼任国民党上海执行部的工作。毛泽东因工作劳累，于 1924 年底回湘休养，缺席了此次大会。

1925 年 1 月 22 日，在农历除夕的前夜，陈独秀宣布会议结束。为期12 天的大会集中讨论了党如何加强对日益高涨的革命运动的领导，以及组织工作、群众工作、工农联盟等问题。会议顺利地通过了《中国共产党第四次全国代表大会宣言》《中国共产党第二次修正章程》《对于职工运动之议决案》《对于农民运动之议决案》等 14 份文件（包括 2 份宣言）。

大会选出了新的中央执行委员会。新当选的中央执行委员共 9 人：陈独秀、李大钊、蔡和森、张国焘、项英、瞿秋白、彭述之、谭平山、李维汉。1 月 24 日，新一届中央执行委员会第一次会议上，陈独秀当选为中央总书记兼中央组织部主任，彭述之任中央宣传部主任，张国焘任中央工农部主任，蔡和森、瞿秋白任中央宣传部委员，以上5人组成中央局。

从中共四大到中共五大近两年半的时间里，这五人实际上领导着党中央机构的运转。中共中央机构较过去健全了很多，正式成立了中央组织部，下设党员调查登记、工作分配和党员训练三部分，陈独秀兼任该部主任。

在维经斯基的协调下，中共中央和鲍罗廷组成预算委员会，以确定中国共产党的经费数额，在工作中，中共要听从鲍罗廷的指导。这一任务的完成让维经斯基如释重负。1925年2月15日，维经斯基给中共中央和鲍罗廷发了一封信，再次强调了来之不易的共识："现在在中央的方针与鲍罗廷同志之间，我已找不到原则性分歧。造成你们与鲍罗廷之间产生误解的两个主要的组织上和策略上的原因，现在已经消除。"[1]

①
中共中央党史研究室第一研究部译：《联共（布）、共产国际与中国国民革命运动（1920—1925）》，北京：北京图书馆出版社，1997年：第579页。

自从事援华工作后，维经斯基、鲍罗廷的命运已经紧紧地和中国革命联系在一起。维经斯基先后六次来华，有效地沟通了共产国际和中国共产党的联系。大革命失败后，他被共产国际调回并撤职，但终其一生仍关注并介绍中国革命。一段时期内，他的名字被淹没于历史洪流。改革开放后，维经斯基对中国革命的贡献在党史研究领域得到公认。鲍罗廷为中国大革命做出过重要努力，也因为大革命的失败而受到共产国际的严厉斥责。1957年周恩来总理访问苏联时特地去看望鲍罗廷夫人，并说："凡是帮助过中国革命的外国友人，中国人民都不会忘记。"

党的最高领导人改称"总书记"

平静的中共四大诞生了一系列不平凡的决议案。

为了充分探讨民族革命运动的问题，代表们等待瞿秋白、谭平山于1月15日赶回上海后才于16日展开全体讨论。这个议题在探索与争鸣中取得共识："无产阶级政党应该指导无产阶级参加民族运动，不是附属资产阶级参加，乃以自己阶级独立的地位与目的而参加。"第一次提出了无产阶级在民族革命运动中的领导权问题，第一次提出了工农联盟问题。大会总结了国共合作一年来的经验教训，决定被分配做中央工作的同志不再同国民党发生直接的联系，保持了共产党的组织独立性。

大会第一次将组织建设上升到极端重要的高度，《对于组织问题之决议案》指出："组织问题为吾党生存和发展之一个最重要的问题。"第一次提出了加强党的领导，决定将组织建设的重点落在支部建设上。为此，新修订的党章将原来"有五人以上可组织小组"改为"凡有党员三人以上均得成立一支部"，并第一次将党的基本组织由"组"改为"支部"。至今，"支部""基本组织"等概念仍在沿用。同时，简化入党程序，把过去须先加入共青团而后入党的做法改为直接入党：由两名正式党员介绍，经支部会议通过，地方委员会审查批准，即为候补党员。这与今天发展基层党员的做法基本一致。此外，从中共四大开始，将党的最高领导人称谓由"委员长"改称为"总书记"，各级党的领导人称为"书记"。这些决策标志着党对组织建设的认识达到了全新的高度。

随着岁月的流逝，除保留下来的若干决议案与宣言外，中共四大召开的地点、与会代表等记录均不完整。阮章是近年来上海党史学界新考证、发现的中共四大代表。阮章（1902—1926），祖籍广东中山，1902年7月出生在上海，4岁时随父母到唐山，1919年毕业于天津南开中学，1922年4月加入中国共产党，曾任中共唐山地委组织委员、代理书记，并作为唐山党组织的代表出席了中共四大。至此，中共四大20名代表的真实姓名、身份全部确定。

在20世纪30年代的两次淞沪战争中，中共四大会址不幸在战火中被毁。中华人民共和国成立后，会址的考证工作一波三折，出现多个回忆版本，直到20世纪80年代中期，已经80多岁的郑超麟亲临现场，几经勘察后，确认中共四大会址。作为大会的向导和记录员，郑超麟的回忆对中共四大的考证工作至关重要。他说："我有责任给世上留下一份关于中国共产党第四次（代表）大会的材料。"在《怀旧集》中，他对大会的召开原因、会议细节、会议代表等均有回忆。通过查找历史地图、报刊和档案文件，结合郑超麟、庄文恭和李逸等人的回忆，以及对老居民的访谈，2021年确定中共四大会址里弄的名称是"广吉里"。

筑牢党的生命线

走群众路线是中共四大的重要议题。正如维经斯基在上海写给莫斯科的信中所说的，中共四大的"中心议题是党渗透到城市工人群众中去的问题……同时，代表大会应该找到把群众集中和组织起来的各种方式"①。大会就工人、农民、青年、妇女运动做出决议，要求党员深入工厂、农村一线，帮助他们成立劳动学校、互助会，利用每个群众集会进行宣传和鼓

① 中共中央党史研究室第一研究部译：《联共（布）、共产国际与中国国民革命运动（1920—1925）》，北京：北京图书馆出版社，1997年：第562页。

①
中共中央党史研究室第一研究部译：《联共（布）、共产国际与中国国民革命运动（1920—1925）》，北京：北京图书馆出版社，1997年：第562页。

动工作，执行使党群众化的组织路线。自此，共产党获得了深厚的群众基础，有效筑牢了党的生命线。

中共四大前后，共产党人李立三、刘华等深入上海工厂基层，1924年9月在曹家渡成立沪西工友俱乐部，组织工人唱戏、下棋、打台球，还免费办起了识字班、讲演会，吸引许多工人前来参加。李立三、邓中夏、刘华、蔡和森、恽代英等时常前去讲课，工人风雨无阻地"到夜校去听道理"，工友俱乐部成了具有向心力的大磁场。在一系列接地气的宣传工作中，短短三个多月的时间，有19个纱厂建立了党的秘密组织，成员发展到近千人。共产党在沪西工人中初步扎下了根。日商内外棉七厂的顾正红常来识字班听课，逐渐成长为工人中的积极分子。1925年，五卅运动由上海肇端而影响全国，一批"顾正红"们一跃成为先锋战士。五卅运动后，共产党领导的工会已达160多个，有组织的工人约54万人。同年，返回湖南的毛泽东创办了韶山农民夜校，广东省也成立了省农民协会。

在工农运动风起云涌的同时，中国共产党的影响遍及全国，党员数量增长迅猛。1925年1月中共四大召开时仅有994名共产党员，至1926年9月北伐战争开始后，共产党员达1.3万余人，到1927年5月，党员人数达5.79万名。两年里，党员数量增长了58倍多！同时，党的组织规模呈爆发式增长。除少数几个边缘地区以外，全国大部分地区都建立了党组织或有了党员。亲历中共四大的蔡和森由衷赞叹："中国共产党以前是宣传时期，现在到了行动的时期……党走上领导群众的路上去。""第四次大会是形成群众党的开始的基础，因此在党的历史上有很大的意义。"

1925年3月12日，孙中山逝世，中国的政治走向变得扑朔迷离。然而，中国共产党领导的工农革命运动积聚了社会前进的巨大能量。在走群众路线的实践中，中国共产党逐渐发展为一个群众性的大党。中共四大初步形成了新民主主义革命的基本思想，为随后的国民大革命高潮做了思想上、理论上和政策上的准备。

马克思主义传播的驿站

——商务印书馆里的红色秘密

聘请陈独秀为馆外名誉编辑

1897 年，商务印书馆创办于上海，从一家小印刷厂起步，自 1902 年张元济加入后，逐渐发展成全国首屈一指的教科书出版"大户"和传播新知新学的重镇。此外，它还先后创办了《东方杂志》《教育杂志》《小说月报》《学生杂志》《英语周刊》等数十种刊物。

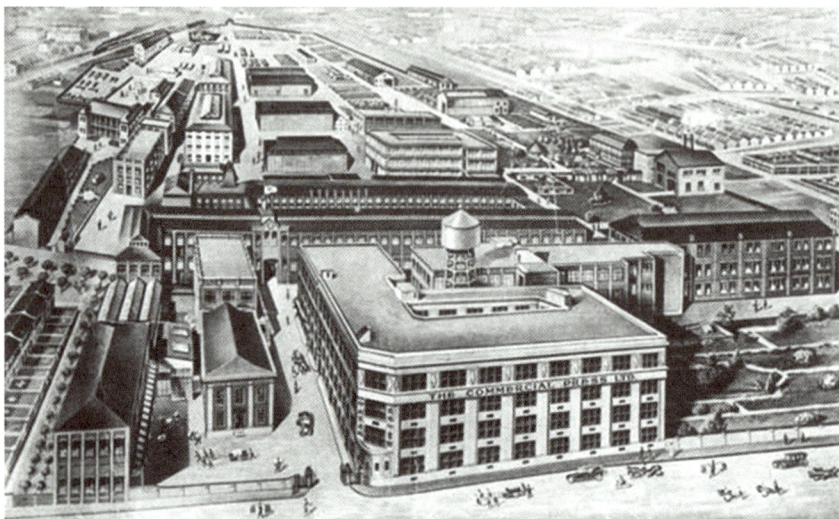

商务印书馆 20 世纪 30 年代辉煌时期的全景

新文化运动中，商务印书馆保持不偏不倚的稳健作风，既出版《辞源》《四部丛刊》等大型工具书和典籍，也适当出版新著作。但他们对于革命家孙中山先生的著作，态度冷淡。1919 年，孙中山亲自撰写《孙文学说》一书（后成为《建国方略》的第一部分），送去商务印书馆出版时却被婉拒。商务印书馆的主持人张元济、高梦旦均考虑到北洋政府横暴，言论出版太不自由，"敝处难与抗，只可从缓"。被商务印书馆拒印后，孙中山只好将书稿交由亚东图书馆自费印刷出版。这大大惹恼了孙中山，他在 1920 年 1 月发表的《致海外国民党同志函》中详述了此事，斥责商务印书馆的保守和垄断。

以商务印书馆的经营理念，会不会不愿或不敢出版共产主义著作？其实不然，商务印书馆一直与中共早期党员保持密切的合作，且出版了大量传播马克思主义的书籍。

中共创始人之一的陈独秀与商务印书馆的渊源最深。早在 1902 年，商务印书馆就出版了他的第一本书——《小学万国地理新编》，那时他还在东京留学。1920 年，陈独秀从北京回到上海，商务印书馆即邀请他担任馆外名誉编辑。"陈（独秀）表示月薪不必多，编辑事务也不愿太繁重，因为他主要工作是办党，愿任商务的名誉编辑不过是为维持生活。结果说定：月薪三百元，编辑事务不像其他名誉编辑要给商务审阅稿件，而只要每年写一本小册子，题目由陈自己决定。"[1]

每月三百元，一年只需写一本小册子，且选题、内容自定，这是商务印书馆对陈独秀的至诚信任。陈还经常为商务印书馆推荐书稿，瞿秋白的《赤都心史》、蔡和森的《社会发展史》等就是经陈推荐而出版的。后来，陈独秀被捕入狱，商务印书馆还是按期给他寄《东方杂志》，仍然经常刊登他的文稿。

虽然张元济将"社会主义"称为"过激主义"，但是商务印书馆还是将其作为一种思潮加以介绍。据统计，1919 年至 1922 年间，商务印书馆出版的马克思主义书籍有 20 种，如《价值价格及利润》、陈溥贤翻译的《马克斯经济学说》、瞿秋白的《新俄国游记》（原名《饿乡纪程》）。除了这些书籍外，商务印书馆的期刊，如《东方杂志》《小说月报》《学生杂志》《教育杂志》《妇女杂志》等，都刊载过数量不等的传播马克思主义的文章。

中国共产党在上海发展的最早一批党员跟商务印书馆也有交集。譬如，李汉俊就经常为沈雁冰（茅盾）主编的《小说月报》写稿，而沈雁冰即是李汉俊、李达介绍入党的。

巧设秘密联络点

1916 年 8 月，北京大学预科毕业的沈雁冰走进商务印书馆，成为一名英文阅卷员，"月薪廿四元"，与陈独秀的月俸落差甚大。沈雁冰与陈独秀、李达、李汉俊等人均有交往。李汉俊主持《星期评论》杂志，曾向沈雁冰约稿，他自己也给商务印书馆投稿，两人成为文友。1920 年下半年，沈雁冰参加中国共产党发起组的活动，1920 年 10 月经李达、李汉俊介绍加入中国共产党，成为商务印书馆的第一位中共党员，也是中共最早的党员之一。[2] 1921 年 4 月，沈雁冰还介绍自己的弟弟沈泽民、商务印书馆编译所字典编辑部的董亦湘加入中国共产党。

沈雁冰因为翻译和写作方面的才华，入职不久便得到赏识，得以跟随

[1]
茅盾、韦韬：《茅盾回忆录》，北京：华文出版社，2013 年：第 159 页。

[2]
茅盾、韦韬：《茅盾回忆录》，北京：华文出版社，2013 年：第 156 页。

孙毓修编译童话、校订古籍。后来，因新文化运动的冲击，《小说月报》的销售量下降，沈雁冰于 1920 年 12 月初"临危受命"，担任《小说月报》主编。考虑到沈拥有合法身份，便于进行广泛联络，中共中央在商务印书馆设立了秘密联络点，任命沈雁冰为直属中央的秘密联络员，负责处理中央与各省党组织之间的函件和人员往来。

担任秘密联络员是一项危险的工作。沈雁冰认为"生命之火应向改造社会那条路上燃烧，决不可向虚幻的享乐道上燃烧"。他机智又隐秘地主持着联络点的工作。当时，各地党组织给中央的函件，外面的信封写着"上海宝山路 45 号商务编译所沈雁冰收"，里面的信封则另写"钟英"（"中央"的谐音），有的也写成"沈雁冰先生转钟英小姐玉展"或"转陈仲甫先生台启"，以此方式掩人耳目。沈雁冰每日汇总收到的函件后送中央处理。外地有人来找党中央，一般也先去找他，由他报告党中央，再作后续安排。晚年，沈雁冰在《我走过的道路》中回忆这段秘密工作生涯："外地有人来上海找中央，也先来找我，对过暗号后，我问明来人住什么旅馆，就叫他回去静候，我则把来人姓名住址报告中央。因此，我就必须每日都到商务编译所办公，为的是怕外地有人来找我时两不相值。"

后来，商务印书馆的中共党员董亦湘接替了这一联络任务。商务印书馆的秘密联络点一直维持到 1926 年 4 月，直到沈雁冰遭军阀追查而被迫离开商务印书馆为止。

发挥书刊流通功能

商务印书馆还拓展了中共早期党团书刊出版的发行渠道。这样的机关，当时亦称交通处（包括内部书报流通）。党中央设立"书报流通处"，中共上海地方组织也有专门的"书报流通处"，早期的中央机关与上海地方机关还时常兼用同一流通处。商务印书馆的秘密联络员，除沈雁冰外，董亦湘、吴文祺等都兼任过此职。

1920 年 6 月 24 日，上海《民国日报》副刊《觉悟》上登载了一则启事——《〈新时代丛书〉编辑缘起》。文中公布了该丛书的编辑宗旨、内容以及编辑人员名单。其中，编辑人员名单上有陈独秀、李大钊等，其余大多是中共发起组成员，如李汉俊、李达、周佛海等，商务印书馆的沈雁冰、周建人也名列其中。文末附有通讯处"上海贝勒路树德里一百零八号转新时代丛书社"，这是当年李汉俊、李书城的寓所，也是今天的中共一大会址纪念馆，而发行所一栏则印着"商务印书馆"。可见，当时商务印书馆的传播渗透力和社会影响力。

1922 年春，当李汉俊离沪返回武汉后，丛书通讯处也发生了变化。此时，沈雁冰已经成为中共中央机关工作人员和支部成员，不仅接替了《新时代丛书》的编译工作，还直接成为编辑部的通信联系人。1922 年 6 月，当第五种《新时代丛书》问世时，杂志上新的通讯处赫然写着"上海宝山路商务印书馆编译所沈雁冰转新时代丛书社"。商务印书馆在北京、奉天（沈阳）、武汉、长沙、广州、香港等大城市都设有分支机构和发行渠道。这套丛书一版再版，其影响力辐射到全国的大多数早期共产主义者。

这些隐密事件在档案资料中都可以找到佐证。1925 年 3 月 12 日，陈独秀给莫斯科中共旅莫支部的函件中提到："定期刊物之中，择几种较可公开的直接邮寄，由董亦湘转（地址：上海宝山路商务印书馆编译所董亦湘转），其余书报则只仍由东方部转寄。"当然，这并不是党中央唯一的通讯地点，但陈独秀在书信中具体指明由商务印书馆代转，充分说明了该处联络点的可靠性和重要性。

由于商务印书馆创办了许多畅销刊物，传递新的社会文化信息，探讨哲学、社会学、文化教育乃至妇女儿童等问题，吸引了诸多青年读者。当时，江、浙、皖、川、湘、粤等地的先进知识分子和商务印书馆的刊物建立了密切联系，这其中就有后来的著名共产党人恽代英、萧楚女、李求实等。

商务印书馆中，沈雁冰担任《小说月报》主编，一大批文化名人，如鲁迅、郑振铎、叶圣陶、冰心、巴金、老舍、丁玲，都在《小说月报》上发表作品。此外，《学生杂志》的编辑杨贤江，《东方杂志》《妇女杂志》的编辑胡愈之、叶圣陶等，都是年轻的先进知识分子和中共党团员。

发展秘密党员

1922 年 7 月，沈雁冰因发表文章批判"礼拜六派"而遭忌恨，新任编译所所长王云五对他施加压力。沈雁冰本想提出辞职，陈独秀知道此事后，力劝沈雁冰继续留下来。并说，如果沈雁冰离开商务印书馆，中央就得另找联络员。这说明了商务印书馆这个秘密联络点的重要性。

沈雁冰在商务印书馆工作了十年，其间得到张元济的关照和器重，这让他一生铭记。1956年，担任新中国文化部部长的沈雁冰特地为张元济先生九十寿辰致祝辞。

据统计，商务印书馆的职工中，印刷工人占绝大多数，且江苏、浙江籍工人占90%以上。与一般工厂工人相比，他们多数具有一定文化。其中，职员大多是初中高中毕业，技术工人大多是小学毕业以上文化，装订女工略识文字。[1]他们是上海工人阶级中的一支高文化水准的队伍。中共于是决定派徐梅坤前来开展"建党工作"。徐梅坤曾在杭州做过排字工人，到上海后负责组织上海印刷工人的工会，同时担任浙江旅沪工人同乡会理事长。他拿着陈独秀的亲笔信和沈雁冰取得联系后，就与沈雁冰一起开始在商务印书馆的印刷工人中发展党、团员，筹建工会。沈雁冰在回忆录中提到："1921年冬，有人拿着党中央的介绍信到商务印书馆编译所来找我。这人便是徐梅坤。他从前在杭州做排字工人，现在到上海，使命是组织上海印刷工人的工会。商务印书馆印刷所，是一个重点。"[2]

以此为起点，中共在商务印书馆的党组织系统迅速建立起来。1921年冬，沈雁冰和徐梅坤介绍了印刷所影印部的技工糜文溶入党，又介绍柳溥庆加入中国社会主义青年团。同年7月，编译所《学生杂志》的编辑杨贤江入党。1923年上半年，董亦湘介绍印刷所外栈房的女工黄玉衡入党。1924年，发行所职员恽雨棠和编译所职员糜文浩入党。1925年5月，商务印书馆的三所一处（即印刷所、发行所、编译所和总务处）建立了中共商务印书馆支部，董亦湘担任支部书记。

1925年10月，董亦湘、恽雨棠被党组织派往苏联学习，支部书记由沈雁冰接任。1926年4月，沈雁冰辞去商务印书馆的职务离沪，徐辉祖、冯稚芳（冯定）接任支部书记。根据各方面资料及老同志的回忆，1921年到1927年，商务印书馆内约有共产党员、共青团员200名。

工人运动的重要据点

1919年，15岁的陈云从高小毕业后来到商务印书馆发行所文具柜当学徒。对于站柜台的经历，陈云说："公司还供食宿，其余自备。第二年加二元，第三年加二元，第四年不加。大约到1925年还只有九元一月。此时在商务虹口分店。"每天下班后，陈云仍刻苦学习，他阅读了《马克

[1]
上海市新闻出版局、上海商务印书馆职工运动史编写组：《上海商务印书馆职工运动史》，北京：中共党史出版社，1991年：第16页。

[2]
茅盾、韦韬：《茅盾回忆录》，北京：华文出版社，2013年：第198页。

思主义解说》《唯物辩证法》《共产主
义》等进步书籍，并在商务印书馆创
办的夜校学习英语。

在这里，他逐渐成长为优秀的革命
工作者。1925 年，陈云参加五卅运动，
感受到工人运动的巨大力量。他与其他
党员一起，在商务印书馆内积极组织工
人运动。8 月 21 日晚，临时党团以五卅
宣传队的名义召集商务印书馆三所一处
的 40 多名积极分子举行秘密会议。会

商务印书馆发行所职工会第一届执行委员会委员合影（前排左三
为陈云）

上决定罢工，并选举了由 15 人组成的罢工临时委员会。陈云因为做事有主
见、有担当，在工友中享有很高的威望，被推举为发行所职工委员会委员
长。这次，陈云亲自领导了商务印书馆的工人罢工。八九月间，年轻的陈云
由董亦湘、恽雨棠介绍入党。陈云后来回忆："当时商务发行所的主任和高
级职员认为我是克勤克俭（只穿布鞋布袜）而求上进的一个人，在他们心目

1925 年 8 月，《民国日报》报道商务印书馆工人罢工的消息，并刊登了恽雨棠起草的《职工会罢工宣言》

中，我将来在商务很可能是被他们看中的一个。但罢工一起，居然为罢工委员长，他们就完全出乎意外。青年店员对我平常的品行的印象很好，认为我是有信仰与号召力的人。"

1925 年 11 月，发行所职工会创办了一个地下刊物——《职工》。年仅 20 岁的陈云以"怀""民""怀民"等笔名在《职工》上先后发表文章，梳理起来有《职工在现社会的地位》《总工会是什么》《罢工后职工应有的觉悟》《中国民族运动之过去与将来》等，这些是迄今见到的陈云发表的最早的一批文章。这些文章的主要内容涉及工人阶级的地位、工会组织的性质和作用、工人运动的意义等，反映了青年陈云在商务印书馆时期的思想。1925 年 12 月，商务印书馆在第二次工人罢工后成立了党总支，陈云被任命为发行所分支部书记、发行所职工会党团书记兼商务印书馆总支部干事。

商务印书馆罢工为上海职工运动提供了有益的借鉴与范本。中国共产党在这一过程中训练出一支有觉悟、有纪律、有战斗力的队伍，成为上海工人武装的主力之一。1927 年上海工人第三次武装起义时，工人纠察队总指挥部就设在商务印书馆的东方图书馆。

从商务印书馆中的学徒到罢工的领导人，陈云经受了锻炼，逐渐成长为一名优秀的中国共产党领导人。近八年的商务印书馆生涯，在陈云的一生中起着非同寻常的作用。陈云后来谈起自己在商务印书馆的工作时，曾颇感自豪地说："商务印书馆党、团、工会组织阵容之强，党、团员人数之多，在上海各产业中居于首位。"

1949 年 9 月，陈云因公务来沪，特地抽空到商务印书馆发行所访问老同事，还看望了董事长张元济。张元济十分感动，不久便应邀参加了中国人民政治协商会议第一届全体会议，积极参政议政。

密字心中一把锁

——细数中国共产党早期的保密工作

隐匿闹市区

在中国共产党初创时期，为了保证组织的安全，要求对"党的重要主张和党员身份"保密。这也是中国共产党最早提出的明确的保密要求。

1921年10月4日，法租界捕房的两名探目突然闯入老渔阳里2号的中共中央机关所在地，抓捕了陈独秀等人。警方控告陈独秀"著作危险文字，有扰乱治安之虞"。后来，法租界会审公廨认为这条罪状不能成立，但在陈的住宅中抄出了《新青年》杂志，却是违反了禁令，故判处罚款一百元并销毁有关书籍。陈随即获释。这一事件使大家意识到了党的机关保密工作的极端重要性。

1923年中共三大后，党中央驻地由广州回迁到上海，中央局机关秘密办公地点在闸北公兴路香山路（今临山路）路口的三曾里。这里距上海北火车站约一公里，虽地处华界，但公路纵横交错，与外面的通讯联络较便利。

1923年7月，中央局5名成员，除谭平山留驻广东外，陈独秀、毛泽东、蔡和森和罗章龙等先后来到三曾里办公。这里既是中央最高层领导挥斥方遒的办公场所，也是革命家庭共同生活的地方。毛泽东、杨开慧一家，蔡和森、向警予一家以及罗章龙一家共10口人曾居住在这里。他们对外称一家人，合吃大锅饭。出于安全考虑，还在门口挂上"关捐行"（帮人填外文表格到海关去报税）的招牌作为掩护。在三曾里居住期间，他们口头约定了这样的纪律公约：不准到外面上餐馆，不看戏，不看电影，不到外面照相，不在上海街上游逛；休息时间和业余时间如需外出，可在空旷的地方散步。

随着中国共产党的逐渐壮大，因政治斗争的需要，中共三大决定设立了秘书制度，由秘书主管共产党的机关保密工作。同年又确立了文书的签发制度。此后，中国共产党的文书一直坚持负责人签发的制度。出于保密和安全考虑，正式发出的中央文件必须由委员长和秘书联合署名才发生效力，且签发人均为外文署名。例如，论述国共合作和收回海关问题的第十三号通告，文末署名"T·S·Chen"为陈独秀的英文签名，"Leo Dschan-Lung"是代理秘书罗章龙的德文签名；警惕国民党右派排挤共产党的第十五号通告，文末署名是"T·S·Chen"和"T·T·Mao"，"T·T·Mao"是秘书毛泽东的英文签名。

为适应革命斗争的需要，中共中央先是由秘书专职负责文书处理和保密工作，后又规定由中央组织部主管保密工作。而且规定，屋内文件切勿随意散置，必须设法将文件藏在秘密处所，最好办事机关与保管文件的地方不在一处。这有效地避免了因党中央机关被破坏而导致文件泄密的现象。

严守秘密工作纪律

1926 年 1 月 29 日，中共中央组织部印发通告组字第三号《加强党的秘密工作》。这是中国共产党下发的第一个保密工作的专门文件，对保密工作提出了具体要求。文件明确了保密工作的极端重要性，把保守党的组织秘密上升到是否对革命忠诚的高度，指出，"秘密对于我们的组织极为重要"，"组织上秘密即是保护秘密，即是看重革命。不守秘密，即是变相告密，是破坏组织的反动行为"。文件规定将不保守秘密视为破坏组织的行为，还规定知密涉密者不能把秘密告诉亲人。党组织之间通信，务必用双信封："外面信封不能直写转交某人收，而当写所托人姓名收，内信封才写转交某某，万望留意！各级组织对于其他本校组织写信，亦当如是。"这些详细规定更加凸显了保守秘密在党纪中的特殊地位。

1927 年的八七会议将秘密工作纪律称为共产党生存的基本条件，规定"秘密组织的规律，不容任何轻忽而破坏，秘密机关的地址，绝对只准在工作上必须知道的党员知道。保存秘密文件的数量应当减少到最少限度，绝对不容保存党员的名单和地址单，通信必须用密码的方法"等。1928 年 5 月 18 日，中共中央发出中央通告第四十七号《关于在白色恐怖下党组织的整顿、发展和秘密工作》，提出九条秘密工作方法。该通告强调"党的秘密工作只有能使党领导广大群众斗争时才有意义"[1]，还特别指出，过去许多割据区域的党部与负责同志常常忽视秘密工作，把党的一切机关都公开起来，负责同志常把自己的"官职章帜"公开悬挂在胸前，唯恐人家不知道他的头衔。国民党当局来搜查，便全部被敌人破获，负责同志及干部不能立足或遭捕杀而受极大的损失以致全部瓦解，以后应特别注意纠正这种现象。

关于秘密工作方法，党中央做了三点要求。首先，要改变党的组织"日益脱离群众，隔绝社会"的状况，必须"找有社会职业或下决心找有

[1]

中央档案馆：《中共中央文件选集（一九二八）》，北京：中共中央党校出版社，1989 年：第206 页。

社会职业的同志，去恢复党的工作和建立党的基础"，县、市委负责同志要由有公开职业的同志担任。

其次，党中央将各类机关重新合理排布。过去，一条里弄往往有两三个中共秘密机关，这样既容易导致误会产生，又不安全。后来，党中央统一安排各级机关：中央机关一般在上海沪中区；省委机关一般在闸北、虹口一带；少共中央机关在法租界南区，区级机关就设在本区。很多机关秘密设在公开的药店、书店乃至珠宝店等。为了保密安全，党的工作纪律规定各机关绝不能随便串门。

最后，每位革命者除了有公开职业，在衣着、来往等方面也要合乎自己的身份。周恩来创造性地提出：党的机关必须以商店、住家等合法形式出现，住家要夫妇二人。提倡女同志梳发髻，和上海家庭妇女一样，要买菜、烧饭、洗衣等。住家不可以多开会，严控进出人员数量。

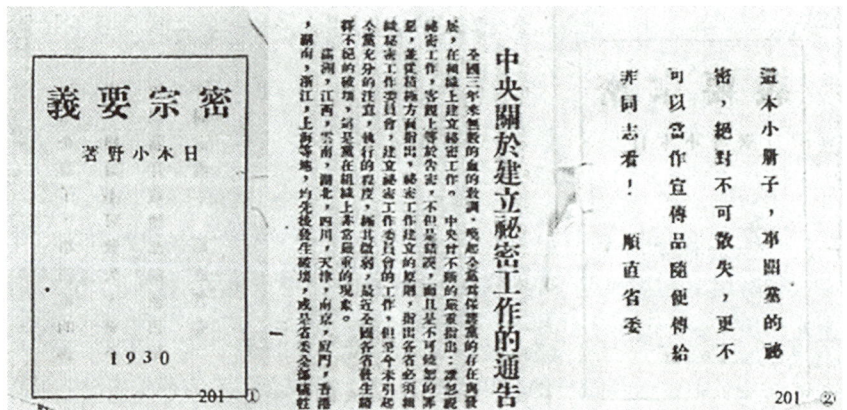

中共顺直省委以《密宗要义》的伪装封面印发《中央关于建立秘密工作的通告》

组织机构用化名

当时，中国共产党、共青团的主要机构都采用化名。查阅党团组织史资料，可以看到名目繁多的组织代号。例如，中国共产党化名"大学""校"，"钟英""保和"是中共中央的代称，"钟祖之"是中共中央组织部的代称；共产主义青年团化名"少校"，"入校"即是加入共产主义青年团之意，"中校务会""中委"系团中央执行委员会的代称，"同学"则是共产主义青年团团员的代称。类似的化名还有很多，如团中央曾以"钟菊""曾延""郑容""洪顺"代称，地方团组织向团中央汇报工作，信件开头大多写"钟菊鉴""曾延兄""郑容兄""洪顺兄","大考"则代指共青团员大会。地方党团组织也使用各种代称，如"苏骞"是中共江浙区委的代称，"麟威""阮麟威"是中共安徽省临委的代称，等等，不一而足。后人如果不理解相应的背景，真的很难判断这些谜语般的代称具体何指。

共产党的主要负责人也经常采用化名。赵世炎化名"施英"，周恩来化名"伍豪""周少山""维思""胡公""大美"等，邓颖超化名"伍美"等。据邓颖超回忆："那个时候的党组织处于秘密状态，对党员遵守纪律、保守秘密的教育特别重视，抓得很紧，至今印象还很深刻。"

1926年底，沈雁冰辞去商务印书馆的工作，到武汉担任《汉口民国日报》的主编。"七一五"反革命政变之后，武汉局势危急。7月23日，沈雁冰接到党的密令，要他去江西九江找某个人，将一张两千元的抬头支票带去交给党组织，并告知组织暗号。那时，船票非常难买，沈雁冰费了很大的劲，才买到了日本轮船"襄阳丸"当天的船票。傍晚开船，第二天清早就赶到了九江。

沈雁冰按照约定的地点去找人。接头地点是一家小店铺。走进屋里，他见有两个人坐在那里，一位是董必武，一位是谭平山。这着实让他暗暗吃惊。董必武说："你的目的地是南昌，但今天早晨听说去南昌的火车不通了，铁路中间有一段被切断了。你现在先去买火车票，万一南昌去不了，你就回上海。我们也即将转移，你不必再来。"沈雁冰千辛万苦走水路去接头，没想到接头人是董必武，更没有料到完成接头任务只花了几分钟时间。

革命战争年代，绝大多数共产党员都深知保守党的秘密的极端重要性："谋成于密而败于泄，三军之事莫重于密。"

掩护有绝招

当时，上海的各个机关都有不同的掩护绝招。浙江中路清和坊是中共中央与中央军委联络点，楼下就是烟纸店，邓小平曾经当过该店的"老板"。南京西路青海路附近的古董店是中共中央与共产国际的联络机关，这里是商业街，各种肤色人等往来频繁，共产国际人员到此联系工作不会引起怀疑。即使是人员往来较为频繁的编辑部，编辑人员的工作纪律也是极其严格的。1926年，黄玠然被分配到中共中央宣传部《向导》周报工作。他回忆说，由于环境异常复杂，大家警觉性很高，当时有一条规定："不需要见面的就不见面，不需要认识的就不认识。"

1926年2月，中央军事部在上海正式成立，承担系统的军事工作，办公地点秘密设在上海宝山路宝山里的一幢二层楼房。中央军事部的人员有十余人，王一飞是负责人，颜昌颐是秘书。时任党中央宣传部秘书的郑超麟在回忆录中说："'军委'是秘密的组织系统，不仅对党外的人守秘密，而且对党内的人守秘密……军委同志不编入普通支部，人和工作原则上都不许普通同志知道。"这足以说明，军委系统是不与其他部门交叉的保密的工作部门。

大革命失败后，周恩来于1927年11月来到上海，参加党中央的领导工作，直至1931年12月上旬撤往江西苏区。在上海长达四年的秘密工作中，他恢复和壮大了上海的党组织，领导革命者们想出了很多地下工作的绝招。他创立了中央特科，规定特科情报人员单线联系，即情报人员A只和情报人员B联系，情报人员B只跟情报人员C联系，而A和C之间不会发生联系，甚至彼此都不认识。除非发生紧急状况，否则不能越级联系。一旦直线联系人出了问题，特科情报人员很有可能就无法证明自己的身份。

在白色恐怖笼罩的上海，经常有中共党员被捕，更有叛徒告密出卖党内同志。为确保人身安全，革命者不得不时常变更住所，周恩来在一地居住的时间最长不超过一个月，常常只住半个月，而且每换一个地方就改一次名字，从不疏忽。同时，对知道周恩来住所的人员严格控制，从不超过两三人。此外，周恩来外出时经常化装，最简单的化装莫过于"留"起大胡子，即使熟人也很难辨认，因此党内很多人称其为"胡公"。一般打交道的人，还以为他是一位姓胡的商人呢。新中国成立后，邓颖超回忆说，她和周恩来在上海住过很多地方，如果要设立旧居，那简直设不完。

正是在周恩来等经验丰富的共产党员的领导下，党内在长期的地下工作中初创了一套卓有成效的秘密工作方法，从而使党在上海的秘密工作真正得到群众的掩护。

保守共产党的秘密，不但是中国共产党的政治纪律和组织纪律要求，而且是保生存、保胜利的必然准则。因其极端重要性，至今，中共党员的入党誓词中仍然有"保守党的秘密，对党忠诚"的宣誓。

繁华深处的指挥部

——建立中共六大后中央政治局机关始末

"福兴商号"的秘密

1927年4月初，中共中央从上海迁往武汉，但旋即武汉发生"七一五"反革命政变，同年10月，中共中央被迫再次迁回上海。

在白色恐怖的险恶年代，要在十里洋场的上海找到一个秘密处所作为党中央机关，着实不易。经审慎考虑，党中央将这一任务交给熊瑾玎去完成。他富有理财经验，又善于交友，对革命忠诚。1928年4月，熊瑾玎由汉口转移至上海后，经李维汉帮助，与组织接上了关系。他几经奔波，终于在公共租界四马路（今福州路）云南路路口447号租下一处坐西面东的二层临街房子。这一排普通民居的底楼为生黎医院，隔壁是至今仍存留的天蟾舞台，舞台西侧一条小弄堂的后门内有一个水泥楼梯可以直接进入二楼房间，不必经过底层的生黎医院。其周遭还有许多妓院，可谓是公共租界灯红酒绿的混杂之地。

根据周恩来提出的白区工作要坚持社会化和职业化的原则，熊瑾玎在房子外面挂起"福兴商号"的招牌，以商人身份经营湖南纱布。平时，他就在机关内坐庄，忙于接洽各种经营业务，与各界人士周旋。熊瑾玎担任中共六大后中共中央的第一任总会计，为筹集经费和建立联络点，他开了三家酒店、一个钱庄，还同毛泽民一起经营集成印刷厂，同钱之光一起经营织绸厂，同曹子建一起经营小洋货店，还入股了一家大型布店。这些经营收入，他都用作共产党的活动经费，自己则过着极为简朴的生活。

为了便于工作和掩护革命活动，熊瑾玎报请中央审查批准之后，1928年夏秋，将在汉口互济会工作的

中共六大后中央政治局机关旧址（旧照）

64

朱端绥调来协助他工作。朱端绥 1924 年曾在长沙女子师范学校就读，当时熊瑾玎担任该校校委，对朱端绥的勤学聪慧印象深刻。在上海朝夕工作几个月后，两人建立了真挚的感情。熊瑾玎见这位年轻俏丽的姑娘竟有较深厚的文学修养和高纯的品格，内心爱意渐浓。周恩来了解情况后，有意促成他们的婚事。1928 年中秋之夜，周恩来、李维汉、邓小平等中央领导人在福兴布庄开过会后，熊瑾玎与朱端绥在附近的一家川菜馆筹办了一席酒菜，大家一起饮酒赏月。席间，周恩来提议："瑾玎同志是我们革命的'老板'，现在还要有一位机灵的'老板娘'。我看端绥同志担任这个角色很合适。"李维汉、邓小平等均附议赞成。朱端绥腼腆地说："如果党需要我这样做，我就一定当好'老板娘'。"从此，"老板"和"老板娘"在党内叫开了。熊、朱两人成为眷属后，熊瑾玎特赋诗赠予妻子以表心迹："少小朱家子，超然思不群。操劳孟慎德，俊丽卓文君。一见情如故，相亲意更殷。同心今缔结，共度百年春。"

新中国成立后，朱端绥在《自传》中回忆："瑾玎对我一往情深。中央组织部部长周恩来曾来做我的工作。同瑾玎一起'生活'了 3 个月，我看出他是一个品德高尚的人、真心实意的人……从此我和瑾玎携手前进，并肩战斗了 45 年。"

为了确保机关的绝对安全，熊瑾玎、朱端绥夫妇俩防范得十分周密，平时不忘记在窗口或门口挂篮子等作为联络警示信号。"老板"熊瑾玎白天做生意、干革命，晚上忙着秘密工作，常常彻夜不眠。"老板娘"朱端绥则负责跑交通、洗印抄送文件，在开会时烧开水、做饭等。朱端绥曾回忆说，自己外出送文件时特别小心，有时会将文件藏在小孩的尿布里。为此，周恩来特别喜欢她的孩子。

叱咤风云的中枢机关

中共六大后，党中央在上海的一项重要任务是要进行艰难的组织恢复、整顿和重建工作。中共中央各部门相继秘密地建立起来。当时，中共中央组织部秘密机关设于成都北路爱文义路（今北京西路）小菜场旁二层楼内，部长先后由周恩来、罗登贤担任；中共中央军事部秘密机关设于上海公共租界新闸路经远里；而云南中路福兴商号内的中央政治局机关是中枢机关。

福兴商号二楼有三间房，为中央政治局开会的场所。当时，中央政治局会议和中央政治局常委会会议几乎都在这里召开。开常委会人少，只用一间房子；政治局扩大会人多，房子都得用上。会议的内容是事先定好的，都是带有全局性的重大事项，如工人运动、国内形势、经济问题以及应对局势的策略、方针、工作方法等。一些党内问题，如顺直省委、江苏省委问题的解决，中央对各地的红军发出的重要指示，中共六届二中全会、三中全会的准备工作，也均在此讨论、酝酿。

中共六大后的政治局常委由向忠发、周恩来、苏兆征、项英、蔡和森五人组成。担任中共中央政治局主席兼中央常委主席的向忠发，其思想水平和工作能力都很有限，在实际工作中难以起主要决策作用。在这一阶段的大部分时间内，周恩来实际上是中共中央的主要负责人。周恩来在1928年11月初从莫斯科回国，政治局会议立即决定："新中央的工作计划由豪（周恩来）起草提出。"当时前来云南路出席政治局或政治局常委会会议的人员，据李维汉、黄玠然的回忆，有向忠发、周恩来、李立三、项英、瞿秋白、彭湃、邓小平、黄文容、李维汉、徐锡根、顾顺章、李富春、关向应、罗登贤等。周恩来时任中共中央政治局常委，先后兼任中央组织部部长和中央军委书记，几乎每天都来这里办公。

时任中共江苏省委兼上海市委组织部长的李维汉在《回忆与研究》一书中提及当年开会的情景："开会的同志从天蟾舞台西侧云南路的一个楼梯上去，就可以直到开会的房间。房间窗前有只小桌子，供开会记录用。"曾出席过几次在福兴布庄举行的政治局会议的黄玠然也谈到，每次讨论的问题都由主管这一工作的负责同志作中心发言，其他同志围绕中心谈看法、意见。向忠发的发言没有水平，发言最多的是周恩来，他了解情况多，分管的工作多，准备又充分，事先写好发言提纲，发言中涉及最多的是苏区工作和军事斗争问题。

那时，邓小平担任中共中央秘书长，常来这里布置党中央的日常工作。邓小平领导下的中共中央秘书处，下设文书科、内交科、外交科、会计科和翻译科五个科。工作范围包括中央文件的刻印、密写、收发和分送，中央和顺直、满洲、湖南、湖北、广东、广西等地党组织的联系，建立全国秘密交通网，党的经费收集、汇兑和管理，以及与共产国际的联系。可谓环境险恶，事情繁杂，任务艰巨。邓小平充分发挥了"一号大秘"的才干。

邓小平办事机敏干练，他以杂货店老板、古董店老板等职业为掩护，这些店铺实际都是中共中央机关所在地。白色恐怖下的上海，中央领导人经常需要变换居住点和姓名，领导人之间彼此都不知道住处，但秘书长邓小平要掌握所有中央领导人和各处中央秘密机关的地址，并且也只能由他一个人掌握。

因此，邓小平对上海纵横交错的弄堂非常熟悉。新中国成立后，他来上海视察时还能叫出很多街道的旧名。在上海的工作相当危险，邓小平回忆说："我们在上海做秘密工作，非常的艰苦，那时吊起脑袋干革命，我们没照过相，连电影院也没去过。"

邓小平曾两次与死神擦肩而过。一次是 1928 年 4 月 15 日上午，邓小平与罗亦农接头。两人谈完工作，邓小平刚从后门离开，租界巡捕就从前门闯入。他看见门外一名扮成鞋匠的中央特科成员悄悄用手一指，就知道出事了，马上快步跑开。还有一次，中央特科得知租界巡捕发现了周恩来寓所，就让相关人员紧急撤离，但同住的邓小平因外出办事无法通知。当邓小平返回时，刚敲门想进去，屋里搜查者中的一名中央特科内线故意答应了一声，他一听门内的声音不对，立即转身就走。多年之后，邓小平还回忆此情形："这是我遇到的最大的两次危险。那个时候很危险啊！半分钟都差不得！"

在沪工作期间，邓小平和张锡瑗结成夫妻。张锡瑗与邓小平既是苏联莫斯科中山大学的同学，又是中共中央秘书处的同事，两人志同道合，情趣相投。1928 年春节后的一天，他们在上海广西路（今广西北路）的四川馆子聚丰园举行了简朴的婚礼，周恩来、邓颖超、李维汉、王若飞等 30多位在中共中央机关工作的同志参加。此后半年多，邓小平夫妇与周恩来夫妇一起住在一幢石库门房子里，周恩来、邓颖超住楼上，邓小平、张锡瑗住楼下。逢周恩来、邓小平一起去外地办事，张锡瑗就会在夜里到楼上陪伴邓颖超。

1929 年夏，邓小平按照党中央的指示，告别妻子张锡瑗，作为党中央的代表秘密前往广西，与张云逸、韦拔群等一起领导百色起义，开辟右江革命根据地。1929 年，邓小平奉命回上海向中央汇报工作，这时张锡瑗正在宝隆医院准备分娩。令人心痛的是，张锡瑗因难产不幸早逝，不久后孩

①

1983年，上海人民出版社出版、上海市烈士陵园史料陈列室编的《上海烈士小传》一书简要介绍了张锡瑗的生平，但未提及她与邓小平同志的关系。1993年邓小平女儿毛毛的《我的父亲邓小平》一书问世，首次披露了两人的爱情故事。

②

邓小平：《邓小平自述》，北京：解放军出版社，2005年：第237页。

子也夭折。①邓小平强忍悲痛，重返广西前线。1930年2月初至4月，他秘密回到上海向党中央汇报工作，在上海又工作了两个月。

邓小平回忆这段经历，很低调地说："我二十三岁就当中央秘书长。要讲马列主义水平，说实在的，马列主义的书看得不多，经验也不多。刚从国外回来，担任中央秘书长，这是个不低的岗位，但还是承担起来了。"②

繁华深处的革命印迹

福兴布庄作为高度机密的中央枢纽机构，在极为险恶的环境中存在达三年之久，直至1931年4月中共中央政治局候补委员、中央特科负责人顾顺章被捕叛变，才难以维持下去。顾顺章叛变的消息经钱壮飞火速密报，周恩来立即采取果断措施，指示党中央秘书黄文容通知熊瑾玎夫妇转移，夫妇俩迅速将中央文件等转移至法租界的一幢楼房里，使党中央机关免遭破坏，福兴布庄遂结束了秘密使命。他们搬走三天后，即有巡捕到生黎医院打听楼上住户熊老板的去处。

1946年下半年，周恩来在中国共产党代表团驻沪办事处（对外称"周公馆"，今黄浦区思南路73号）工作生活期间，偶然一次见到熊瑾玎夫妇。周恩来非常高兴地对他们说："你们应去看看当年的旧址（即中共六

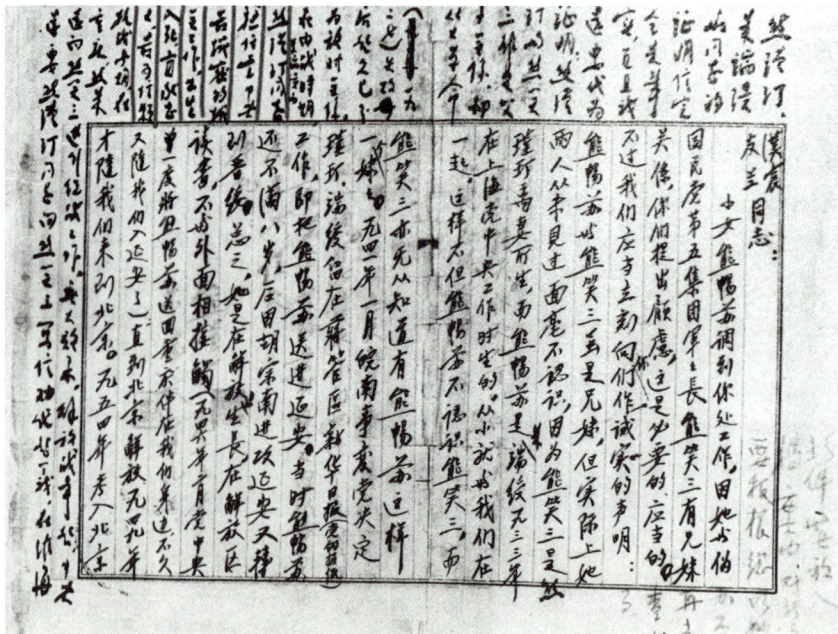

周恩来在熊瑾玎、朱端绶夫妇给南汉宸、王友兰同志信上的批示

大后中央政治局机关），这次不去，不知何时能再来上海。"周恩来还嘱咐周公馆的工作人员祝华驾车陪同他们前往旧址。夫妇两人来到旧址，遇见了当年的几户老居民，还特地在旧址屋内和门口摄影留念。朱端绶将这张照片一直珍藏在身边。当党中央安排他俩撤离上海回延安时，为防止照片在途中被敌人搜去，朱端绶将它们缝在棉衣的夹缝里，安全地带到延安。这些照片被她珍藏了近半个世纪后，捐赠给了纪念馆。

周恩来没有忘记他们的功劳。"文化大革命"期间，周恩来总理为他们出具了一份亲笔证明："在内战时期，熊瑾玎、朱端绶同志担任中央最机密的机关工作，出生入死，贡献甚大，最可信赖。"

1979年10月，相关工作人员访问了生黎医院的周生来（赉）医生，并在1939年8月出版的《上海市行号路图录》中查得云南路173号为生黎医院，而173号以前就是云南路447号。研究人员将《上海市行号路图录》的地图与朱端绶珍藏的照片核对，由此确定中共六大后中央政治局机关的确切位置。

2020年10月，按"修旧如故，恢复原貌"的原则，中共六大后中央政治局机关旧址（1928—1931）已完成修缮并对外开放。这座小楼是中共中央在上海期间使用时间最长的机关所在地。

中共中央政治局机关旧址（1928—1931）

反腐倡廉，从严治党

——中国共产党的第一个反腐败文件

总书记签署反贪污《通告》

　　1923 年中共三大召开之前，中国共产党一直处在秘密状态，全国只有党员 420 余名，组织发展较慢。1925 年，随着国共合作的实现和革命运动的发展，中国共产党决定将党"从小团体过渡到集中的群众政党"，大量吸收工人、学生等社会各阶层人士入党。1925 年 1 月，中共四大召开时，全国党员总数 994 人；该年年底，党员已接近 1 万人。党员人数大量增加，党员成分呈现多样性。1926 年北伐战争开始后，中共党组织的发展进入快车道，到 1926 年 9 月中共党员已达 1.3 万余名，1927 年 4 月中共五大召开时，党员已达 5.79 万余名。

　　但是，在中共党员人数急剧增长的过程中，党员数量增加而质量退化的情况也出现了。一些投机分子乘机以"革命"之名混入党内，出现侵吞公款、化公为私等贪污行为，败坏了共产党在群众中的威望。

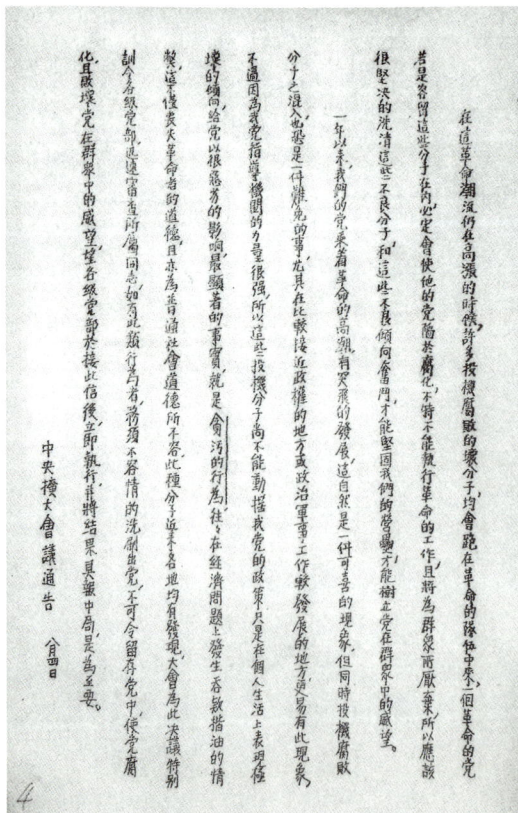

1926 年 8 月 4 日，中国共产党发布第一个反腐败文件——《中共中央关于坚决清洗贪污腐化分子的通告》。

　　中共中央及时发现了党内个别同志的腐败情况。1926 年 7 月中共中央执行委员会扩大会议通过的《中央政治报告——九个月中党的发展及工作》指出，党内"同志中之一部分，发生贪官污吏化（即有经济不清楚揩油等情弊）"。1926 年 8 月 4 日，时任中共中央总书记陈独秀亲笔签署发出《中共中央关于坚决清洗贪污腐化分子的通告》。

　　《通告》联系当时的革命形势，分析了产生贪污腐化的原因，强调了坚决清洗贪污腐化分子的必要性。《通告》指出："在这革命潮流仍在高涨的时候，许多投机腐败的坏分子，均会跑在革命队伍中来，一个革命的党若是容留这些分子在内，必定会使他的党陷于腐化，不仅不能执行革命的工作，且将为群众所厌弃。所以应该坚决的清洗这些不良分子，和这些不良倾向奋斗，才能巩固我们的营垒，才能树立党在群众中的威望。"对腐败将给革命带来的危害作出了清醒的判断：损害革命、脱离群众、危及党在群众中的威望等。

在哪些工作领域易发腐败现象呢？《通告》指明："尤其在比较接近政权的地方或政治、军事工作较发展的地方，更易有此现象。"虽然当前这些投机分子尚不能动摇党的政策，只是在个人生活上表现出极坏的倾向，但这对于发展中的共产党来说危害很大，必须及时加以制止。

《通告》严厉批评党员贪污的行为："往往在经济问题上发生吞款、揩油的情弊，这不仅丧失革命者的道德，且亦为普通社会道德所不容。"党中央要求各级党组织接到《通告》后，"特别训令各级党部，迅速审查所属同志，如有此类行为者，务须不容情的洗刷出党，不可令留存党中"，"立即执行，并将结果具报中局，是为至要"。这体现了党在内部腐化堕落问题一开始暴露出来时，就表现出零容忍的鲜明态度。这是中国共产党历史上颁布的第一个惩治贪污腐化分子的文件，在当时的省港大罢工和随后的北伐战争中予以贯彻。

迅速贯彻执行《通告》

这份文件只有寥寥 460 个字，但言简意赅，把腐败的危害和中国共产党反腐败的态度讲得清清楚楚，至今读来仍发人深省。1926 年 8 月文件颁发之时，中国共产党尚处于初创时期，还不是执政党，共产党员没有谋取私利的政治资本，党内也谈不上有多少可滋生腐败的物质资源。腐败问题在当时似乎并不是党所面临的迫切问题，但中国共产党却未雨绸缪，敏锐地察觉到党内混入"投机腐败分子"的危害。在当时的大革命高潮中，这种自觉的清醒显得尤其难能可贵。从文件中所使用的"坚决""迅速""务须""不容情""立即执行""是为至要"等一系列严厉的措辞，不难看出中国共产党反腐败的鲜明态度和坚定决心。

四天之后的 8 月 8 日，中共上海区委以"桑翰"代号发出枢字第七十号《执行中央扩大会议通告　严格审查同志的不良倾向》的通告，通告全文转发了中共中央的《关于坚决清洗贪污腐化分子的通告》，直指反腐败的极端重要性："上面是本党中央扩大会议的通告，是切中本党党员过去以及目前所犯弊病的一个重要针砭，这个针砭之有效与否，纯全关系于党的整个的存亡问题。"这是中国共产党第一次提出"反腐败事关党的生死存亡"的命题。

中共上海区委还指出了目前发现的各种腐败现象，如贪官污吏化、雇佣劳动化等，切中肯綮地指出："这种行为，不但是个革命的Ｃ·Ｐ员（指代共产党员——笔者注）所不应该沾染，且已根本失掉Ｃ·Ｐ员的资格。如果我们再不积极的严格的加以消灭，将来这种不良分子，越聚越多，本党的生命，可以不待敌人而自毙，这是何等严重的问题！"

其实，早在1921年7月，中共一大制定的中国共产党第一个纲领在规定党的性质和奋斗目标的同时就提出了实行纪律约束和党内监督的要求："工人、农民、士兵和学生的地方组织中党员人数多时，可派他们到其他地区去工作，但是一定要受地方执行委员会的严格监督。""地方委员会的财务、活动和政策，应受中央执行委员会的监督。"这充分表明中国共产党从建立之日起，就为实现党的清正廉洁、取信于民打下了基础。

事实上，早期共产党员的生活是极为艰苦的。党的最高领导人陈独秀主要依靠亚东图书馆出版的《独秀文存》的版税和为商务印书馆撰写一些稿件所得稿费为生。他和家人的生活一直都很拮据，两个儿子陈延年、陈乔年一直勤工俭学。其他领导人，除了专职党务工作的以外，基本上也是靠自己的职业自食其力，极少有补助、津贴之类。

个别败类因贪污被开除出党

当然也有个别混进党内的不良分子在作风上存在问题。其中，以山东中共早期党员、曾负责省委组织工作的王复元的贪污腐化问题最为典型。五四运动前后，王复元在山东济南省立一中当电工兼传达员。1922年8月，王复元与王尽美、王用章组成济南共产主义早期组织，之后成立中共济南支部。1925年8月，王复元就任中共青岛支部书记。1926年1月，他调到中共山东地委工作，之后负责中共山东省委的组织工作。

王复元是山东的第一批共产党员，却是一个私欲极强的人。他曾经生活在社会最底层，手里有了一点权力后就不再安于艰苦的生活，开始打起党的经费的主意。1927年4月，王复元去武汉出席中共五大会议，中央让他带回拨给山东党组织的活动经费 1000 元，他将其据为己有，然后谎称钱款在半路上被人偷走了。随后，他多次利用职务之便贪污公款。1928 年 4 月，他以去上海与党组织联系工作为由，从直属中共山东省委机关印刷部的集成石印局拿走 2000 元，而当时石印局承担着印刷山东党内刊物《红星》、党的文件与宣传材料的任务。最终，石印局因经济困难而停业，王复元这一党内的贪腐蛀虫也受到惩罚。1928 年，中共山东省委将王复元开除出党，王复元成为中共历史上第一个因贪污而被开除出党的高级干部。

为了严防贪污腐败，中国共产党还在组织构架上进行了探索和设计。1927 年 4 月中共五大召开，大会选举产生了第一个执行党的纪律和进行党内监督的专门机构——中央监察委员会。1927 年 6 月 1 日中央政治局会议通过《中国共产党第三次修正章程决案》，其第八章提出设置"监察委员会"这一党内监察机构，并对其产生、设置、职权都作了明确的规定。

1926 年中国共产党制定第一个反腐败文件，1927 年成立中央监察委员会，这标志着中国共产党党内监督制度的初步建立，在中国共产党的党内监督和反腐败历史上具有里程碑式的意义。

反腐败是一项长期、复杂、艰巨的任务，不可能毕其功于一役。自建党以来，中国共产党反腐败的态度和决心始终如一，为保持中国共产党的先进性和纯洁性提供了重要保障。

夜幕中的"红飘带"

——探寻党组织生活传统

党支部开会到深夜

中国共产党具有"铁一般"的组织纪律，这是其区别于其他政党的显著特征。自1921年党成立伊始，便要求党员要过严格的党组织生活。

中共早期党员沈雁冰（茅盾）对此曾有一段回忆。1921年9月，陈独秀从广州返回上海，仍居住在法租界环龙路老渔阳里2号。那时，上海党支部的成员只有数十人，所以"我们的支部会议地点就在陈独秀家里。支部会议每星期一次，我还依稀记得当时参加渔阳里二号支部的党员有杨明斋、邵力子、陈望道、张国焘、SY（社会主义青年团）书记俞秀松等人，又有共产国际远东局代表魏庭康（原名维经斯基）。讨论事项，大抵是发展党员、发展工人运动、加强党员的马克思主义的学习。除了个人自己阅读外，每星期有一次学习会，时间是下午，从二时到五时乃至六时。学习会采取一人讲解，大家讨论的形式。担任讲解者，李达和杨明斋"[1]。

关于支部成员学习的内容，沈雁冰回忆："临时编的讲义有三种：马克思主义浅说、阶级斗争、帝国主义。这都是随编随讲，大家笔记。直到三四年后，杨明斋把当时的草稿改定付印，书名现在记不起来了。"关于支部成员的学习时间，沈雁冰说："我去出席渔阳里二号的支部会议，从晚八时后开始，直到十一时以后。"[2]可见，党支部会议一般要开三个小时左右。

那时，沈雁冰在商务印书馆担任编辑，租住在闸北宝山路鸿兴坊附近，离法租界较远，开完会后到家，"早则深夜十二点钟，迟则凌晨一时。如果我不把真实事情对母亲和德沚（指沈雁冰的妻子孔德沚。——笔者注）说明，而假托是在友人家里商谈编辑事务，一定会引起她们的疑心。因此，我对母亲说明我已加入共产党，而每周一次的支部会议是非去不可的"[3]。

1921年10月4日，陈独秀在老渔阳里2号被捕后，出于安全考虑，支部会议随时转换地点，有时也在沈雁冰家里举行。沈雁冰的弟弟沈泽民入党的支部会议就是在他们家里举行的。

沈雁冰从时间、学习内容、参加人员等方面的回忆，是早期党组织生活的一段珍闻。

党内组织生活是党内政治生活的重要组成部分。通过史料可以发现，当时大多数支部或小组，每两周召开一次党的会议，极少数是一两个月才

①②③

茅盾、韦韬:《茅盾回忆录》，北京：华文出版社，2013年：第159—160页。

开一次，对当时处于秘密状态下的党来说，每过一次组织生活就是冒一次风险，但共产党人就是这样坚持着。

确定党组织生活的原则

1922 年中共二大通过了第一个比较完备的《中国共产党章程》，章程中明确提出要建立严密的、集权的、有纪律的组织。其中，第十八条规定："全国大会及中央执行委员会之决议，本党党员皆须绝对服从之。"第十九条规定："下级机关须完全执行上级机关之命令，不执行时，上级机关得取消或改组之。"第二十四条规定："本党的一切会议均取决于多数，少数绝对服从多数。"从而初步确定了党员个人服从党组织、少数服从多数、下级组织服从上级组织、地方组织服从中央组织等重要组织原则。

党章还对党小组、党支部、地方全体党员会议和全国代表大会召开的周期做出了具体规定。要求各级党组织都要定期举行会议，区代表大会每半年由区执行委员会召开一次，全国代表大会每年召开一次会议，各党小组则每星期由组长召集会议一次。这些规定开创了定期会议制度。

除了对党组织会议以及活动的规定以外，对党员在组织中也有着严格的要求：每位党员都要参加党的一个组织，并且党员从一个地区转到另一个地区时，必须要有组织的介绍；党员被派到其他地方工作时，也要受到当地执行委员会的严格监督；党员要认真开展党内严格的组织生活训练，始终对党忠诚、严守纪律、保持气节。

因为共产党初创时期要求不能暴露党员身份和党的主张，所以特别重视对党员进行遵守纪律、保守秘密的教育。

早期党员在过党组织生活时还涉及党员交纳党费的问题。对于这一问题，中共二大明确列出"经费"一章。党章中规定，除了那些失业和在狱的党员以外，其他党员必须根据收入情况定期交纳一定比例的党费。交纳党费在当时既是物质上帮助幼小的党组织发展的措施，同时也是考验党员思想觉悟和组织观念的方式。交不交党费是对党员忠诚的检验，通过交纳党费，党组织清除了一批对党不忠诚的人。

中共二大还通过了《关于共产党的组织章程决议案》，指出党的两大重要纪律。"组成一个做革命运动的并且一个大的群众党，我们就不能忘了两个重大的律：一是党的一切运动都必须深入到广大的群众里面去，二是党的内部必须有适应于革命的组织与训练。"《决议案》中规定革命政党要有严密的集权，有纪律的组织与训练，否则"只有革命的愿望，便不能够有力量去做革命的运动"。

《决议案》提出中共党员要接受"军队似的训练"，规定党员要始终坚持为党服务，必要的时候甚至需要牺牲个人感情、利益等。中共二大通过的党章也第一次简练地规定了需要接受纪律处分的行为。例如，需接受党内纪律处分的行为有言论或者行动违反党的章程和宣言、违反党的各级代表大会及其执行委员会决议、无故连续缺席党内会议两次及以上、不能按时交纳党费、累计三个月以及连续一个月不为党工作等。党章特别强调"泄露本党秘密"者将被开除党籍。这些条文的规定使党和党员的组织、纪律建设更具有刚性和纪律执行的可操作性。当然，当时党内处分的方式只有"开除"一项，还是稍显简单化。

1925 年，中共四大确立党的基层组织是支部。新修订的党章将原来有五人以上可组织小组，改为"凡有党员三人以上均得成立一支部"。这是第一次将党的基本组织由"组"改为"支部"，把支部作为"党的命令传达所和宣传机关"。

在轰轰烈烈的第一次国共合作时期，共产党员以个人身份加入国民党，但对参加本党内部的组织生活的要求仍然较为严格，而且颁发一系列文件，将组织生活上升到新的高度。1926 年 5 月 5 日，中国共产党《校刊》上登载了《支部的组织及其进行的计划》一文。当时常常以"校"代称"党"，故《校刊》即《党刊》。该文较早地提出了"党的生活"这个概念："支部是党的生活中心，是每个党员生活的中心——每个党员的生活，应该是党的生活的一部分，而党的生活是集中在党的支部，所以每个党员的生活，不能脱离支部，脱离了支部就不能了解党的全部生活。每个党员，脱离了支部生活，就等于脱离了党的生活；脱离了党的生活，就等于脱离了党。"强调每个党员应当编入某一支部，参加党组织生活。

在档案资料中有这样一份文件。1926 年 7 月，中共中央扩大执行委员会会议通过了《上海工作计划决议案》，指出："上海区的组织工作最近虽然比较严密，但尚涣散，今后须使每个党员参加党的生活，党的出版品能深入党内以及党外的群众。"可见，当时对党员参加组织生活、党密切联系群众的情况有考量、有反馈，发现问题就及时指出。

颇受欢迎的《支部生活》

1927年6月中共五大闭幕后，中央政治局受五届中央委托，制定并通过的《中国共产党第三次修正章程决案》在《党的建设》一章明确规定"党部的指导原则为民主集中制"，民主集中制这一原则一直贯穿在党组织生活之中。

对于过党组织生活的方法，邓颖超同志在上海时创造性地编辑了刊物《支部生活》，开创了富有生气的党支部组织生活形态。

1927年武汉"七一五"反革命政变后，8月，邓颖超奉党组织之命由湖北武汉来到上海，"处理党组织由公开转入秘密状态的许多工作，紧急处理党中央机关迁回上海的相关事务"。1928年下半年，中共中央机关逐渐完善，设立了中央直属机关支部（简称"直支"，代号"植枝"），由邓颖超担任"直支"书记，其领导成员有恽代英等四人，后来增至七人。

在白色恐怖下，供党内同志阅读的刊物很少，只有中共中央机关刊物《布尔塞维克》和《红旗》等。《布尔塞维克》由瞿秋白、罗亦农、邓中夏等人编辑，今长宁区愚园路1367弄34号就是《布尔塞维克》编辑部旧址。为了增强支部成员的理论水平，搞活支部建设，邓颖超与"直支"其他成员商量，决定创办一份刊物《支部生活》。周恩来对此大力支持，并由中央组织部向"直支"建议：做《支部生活》的编辑，应将过去记录汇刊的方式改变过来，要聚焦热点问题。"必须注重在一般同志所需要所欲求解答的问题做编辑的材料，以引起同志的兴趣与刊物热烈阅读的情绪，得到实际灌输的收益，同时必须保证定期的出版。"

1929年1月26日，《支部生活》在上海问世，由邓颖超兼任主编。该刊为12开本，以毛边纸印刷，每月出版1—2期，每期字数在5000—10000字。《支部生活》经常刊登各党小组的活动内容，除了登载重要文件和工作纪要，还介绍上海的工人运动和学生运动开展情况，为隐蔽工作的革命者送来革命动态的"及时雨"。如今，《支部生活》的部分期数保存于上海市档案馆。展读手写的油印本，透过泛黄的纸张，往日的革命风云宛如昨日。

周恩来在《支部生活》上发表了许多富有战斗性、建设性的文章。例如，第3期上登出了"直支"第17党小组的报告，文后并有"伍豪"（即周恩来）作的结论。第15期上发表了"伍美"（即邓颖超）的《学习化与研究化》一文。邓颖超鼓励支部党员努力写文章，尽量提问题，从而充实支部生活。为了及时完成审稿和编辑，她常忙到深夜才休息。周恩来和邓颖超化名"伍豪"与"伍美"，在上海度过了一段艰险的革命岁月。

党中央极为强调严格征收党费问题，指出"不要将这看成一个简单的技术问题"。《支部生活》第39期上发表了《健全支部生活》《党员为什么要交纳党费》等文章，紧贴形势，反映基层动态，使《支部生活》这份内部刊物深受党内同志的欢迎。大家争相传阅，都将这份刊物视为知心朋友。有一次，交通员在送发《支部生活》时遇到敌人突然搜查，幸好巧妙应变，才得以脱身。为了保证隐蔽性，从1930年5月17日出版的第26期《支部生活》起，采用了"志夫"来谐音"支部"，将《志夫新话》作为伪装封面。

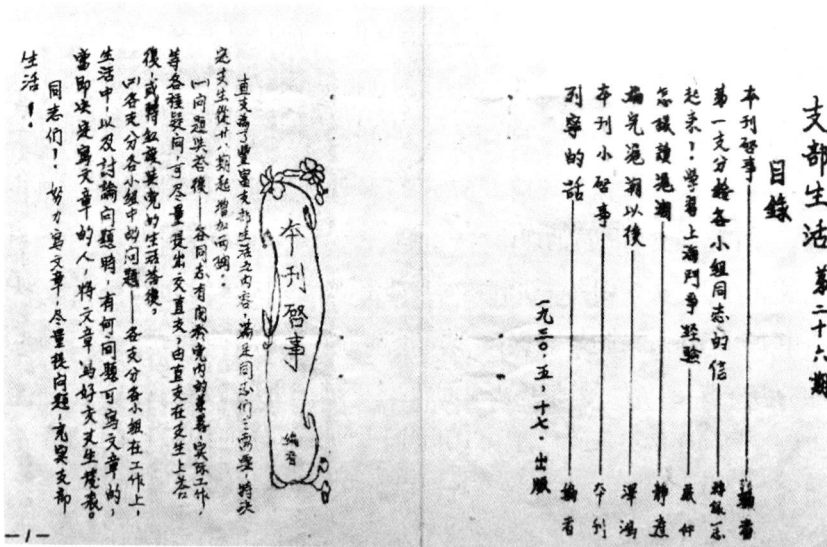

1930年5月《支部生活》第26期目录

邓颖超主办的这份刊物是共产党内最早的支部刊物，开创了支部工作的新局面。直到今天，在上海、北京、广东等地都有刊名为《支部生活》的党刊。

重视党的组织生活，时刻保持同人民群众的密切联系，是中国共产党"生存和发展之一个最重要的问题"。自中共成立起，就一直探索党内组织生活的制度化和常态化。在地下斗争时期，党的组织生活也有自身独特的形式，对党员进行有效的党性教育，提高了党的创造力、凝聚力和战斗力。

为了忘却的记念——左联五烈士书稿密存之谜

左联五烈士纪念雕像

柔石：从旁听到助编

柔石原名赵平复，浙江宁海人。他是怎样结识鲁迅的？据柔石的记述，1925 年他在北京大学旁听《中国小说史略》课程，见到了仰慕已久的鲁迅先生。至今，宁海县的柔石故居藏书中仍保留着他当年使用的《中国小说史略》一书。这是新潮社 1925 年 2 月再版的版本，书后写有"平复　北京"四个字。年轻的柔石对鲁迅十分崇敬，但那时他和鲁迅尚没有交往。

1928 年 5 月，柔石因在家乡参加宁海暴动受到牵连，为逃离国民党当局的镇压，只身来到上海。柔石刚到上海时只能投奔同乡，住在法租界一个三楼的小亭子间里，生计没有着落。他的同学魏金枝在《柔石略传》中记载了柔石逃到上海的来龙去脉以及初到上海时期的生活窘态。当时，柔石急需出版手中的长篇小说《旧时代之死》，并希望以此获得钱款去法国留学。关于稿子的出路，他"打算去找鲁迅先生"[①]。

柔石是在政治避难和生计穷窘之时，在上海认识鲁迅的。那时，鲁迅寓居在横浜路景云里。鲁迅在厦门大学的学生王方仁到上海来自学，向鲁迅表示"愿意在先生旁边住，家里也可以放心"，"于是就住在附近了"[②]。这样，由鲁迅的学生王方仁和崔真吾引见，柔石在鲁迅的公寓内见到了自己的精神导师。两人初次接触就非常默契，这让柔石万分欣喜。鲁迅很快答应了柔石的请求，仔细审阅了长篇小说《旧时代之死》，对柔石称赞有加，并推荐于北新书局出版。据查阅史料，目前《鲁迅日记》中关于与柔石交往的最早记载是 1928 年 9 月 27 日："夜邀诸人至中有天晚餐，并邀柔石、方仁、三弟、广平。"

众所周知，鲁迅把拯救国家民族的希望寄托在青年一代身上，自己也积极发现并扶持有才华和正义感的文学青年。当时，王方仁、柔石与崔真吾都无固定的经济收入。1928 年 10 月的一天，王方仁提出合伙办刊物和出版图书的动议，说景云里居住着众多文化名人，他哥哥的教育用品社可帮助先垫付印刷的油墨、纸张，还可帮助代售。大家几经商议，决定成立朝花社，出版《朝花》周刊，每人的股金为 50 元。柔石一时交不出钱，鲁迅还帮他垫付了一份股金。这样，鲁迅实际负担全社五分之三的资金。

1928 年 12 月 6 日，《朝花》周刊第一期面世。虽然只是一个 16 开 8 版的小刊物，鲁迅却为之倾注了大量心血。他精心选用了英国阿瑟·拉

①

林淡秋：《忆柔石》，载《文萃》，1947 年第 2 卷第 18 期。

②

许广平：《鲁迅和青年们》，见《欣慰的纪念》，北京：人民文学出版社，1981 年。

克哈姆的一幅画来装饰刊头，又亲自书写了刊名"朝花"的美术字。他亲自指导柔石办刊的要领：文章内容要扎实，版面设计、编排形式也要生动活泼。他还主张版面可以选登一幅以木刻为主的外国美术作品，这在当时国内文艺刊物可说是个创举。如此，年轻的柔石在鲁迅的指导下初做编务，还常常到文具社、印刷所跑制图、校字之类的杂务，工作热情高涨。但朝花社终究经营不善，于1930年1月"社事告终"。柔石只得用自己的一点稿费去抵债，鲁迅最后"以百廿元赔朝花社亏空"。

《朝花》虽然昙花一现，但是鲁迅与柔石之间的情感和信任度却是与日俱增。在《为了忘却的记念》中，鲁迅称柔石是"我的学生和朋友，一同绍介外国文艺的人"，是"惟一的不但敢于随便谈笑，而且还敢于托他办点私事的人"。据统计，从1928年6月至1931年1月共两年半的时间，仅《鲁迅日记》里记录的与柔石的见面就有近100次，或谈话，或商议工作，或一起外出买书等，但更多的是请柔石等人上门吃饭。如有人带来家乡菜，鲁迅一定邀请柔石上门分享。交往如此频繁，这在鲁迅先生的朋友与学生中是罕见的。当时，柔石26岁，鲁迅近50岁，两人的关系情同父子。

鲁迅在《为了忘却的记念》中写道，柔石"那时住在景云里，离我的寓所不过四五家门面，不知怎么一来，就来往起来了"。其实，这是在当时严酷的政治环境下，鲁迅使用曲笔来记述。柔石住在北四川路横浜桥景云里，并非凑巧与鲁迅同住一条里弄，而是"鲁迅在他从23号搬到27号和18号时，就把23号的房子让给了柔石等人居住"。柔石的室友王育和（即王清溪，共产党员）是柔石的小学校友，又是宁海中学时期的同事。他曾回忆："为了有一个工作身份，他（柔石）托我向明日书店取得一张编辑聘请书，带在身边备用，并将景云里二房东的名义转让给我，自己准备迁出。那时柔石住在二楼，三楼是他的同学魏金枝居住。我同家属住在楼下。"[①]

1929年，鲁迅还邀请柔石担任《语丝》的助编。据1月11日的《柔石日记》记载："晚上鲁迅先生问我，明年（指农历）要我看看来稿并校对，可不可以。我答应了。同时我的生活便安定了，因为北新书局每月给我四十元钱。此后可以安心做点文学上的工作。"这一年也是柔石创作的高峰期。4月15日，他的中篇小说《三姊妹》在上海水沫书店出版。据当时任水沫书店编辑的施蛰存在《我们经营过三个书店》一文中记载："柔石这部中篇小说是鲁迅托冯雪峰介绍来的。"同年8月20日，鲁迅还为柔

①

王育和：《柔石烈士被捕、营救及牺牲经过》，载《新文学史料》，1981年第1期：第146页。

石的小说《二月》作了序文。

其实，冯雪峰认识鲁迅是经柔石引荐的。柔石和冯雪峰是1922年前后在浙江一师求学时期的同学，柔石比冯雪峰高三个年级，两人都是杭州晨光社的社员。冯雪峰在《我怎样去见鲁迅先生》一文中追忆1928年12月9日晚上柔石带他去见了鲁迅："我想，正是柔石的介绍，使我很快就能够受到鲁迅先生的指导和取得他的友谊"，并且，"从此我就跟鲁迅先生接近，一直到他逝世为止"。

鲁迅的崇高人格无疑对柔石的精神世界产生了很大的影响。鲁迅常常鼓励柔石"人应该学一只象。第一，皮要厚，流点血，刺激一下了，也不要紧。第二，我们强韧地慢慢地走下去"。柔石在日记中写道："我很感谢他的话，因为我的神经末梢是太灵动得像一条金鱼了。"1929年12月22日，《柔石日记》记载："好几次，我感觉到自己底心是有些异常的不舒服，也不知为什么。可是，在周先生家里吃了饭，就平静的多了。鲁迅先生底慈仁的感情，滑稽的对社会的笑骂，深刻的批判，更使我快乐而增长智识。"

殷夫：从投稿到小友

殷夫原名徐白，笔名白莽、任夫、殷孚等。在《为了忘却的记念》一文中，鲁迅回忆和殷夫的初次相见是因为《彼得斐传》（今译《裴多菲传》——笔者注）的翻译。1929年5月，殷夫根据德文版译出中文版《彼得斐传》，寄给鲁迅编辑的《奔流》杂志，鲁迅于是写信请求要德文版的原文。1929年6月16日《鲁迅日记》载"下午复白莽信"，可能就是鲁迅收到殷夫的译稿后向他讨原文的信。因为原文载在诗集前面，邮寄不便，殷夫便亲自将德文版原文给鲁迅送过去。

可以推测，鲁迅的地址是不会在信中告诉素不相识的殷夫的。殷夫和鲁迅的相见，必定通过一个中间人——和鲁迅熟悉并且深得鲁迅信任的柔石。据殷夫的同学和同乡姜馥森回忆："当时白莽告诉我，'他很早要想见鲁迅了，因了柔石的介绍而得睹风采'。"[1]

鲁迅年轻时非常钟爱匈牙利诗人裴多菲的诗歌。早在1908年，他曾以令飞的笔名翻译《裴象飞诗论》，发表在日本东京出版的杂志《河南》上。1925年，他又在《语丝》第9、11期上以"L·S"的笔名发表了《Petofisandor 的诗》，译诗5首。裴多菲的诗歌给予鲁迅青春的梦想和

[1] 姜馥森：《鲁迅与白莽》，载《大风月刊》，1939年1月号。

浪漫的情怀。他还曾托日本一家出售西文书籍的丸善书店从德国买来两本《彼得斐集》，视为宝贝带在身边。但后来"情随事迁，没有再翻译的意思了"。这次审读殷夫翻译的《彼得斐传》，在给殷夫复信索要该传原文的同时，鲁迅还特地给北京的许羡苏发去一封信，托他去自己的寓所把那两册《彼得斐集》找出寄来，准备送给殷夫——"算是给他（指《彼得斐集》——笔者注）寻得了一个好着落"。6月26日《鲁迅日记》记载"托柔石寄白莽信并 Petofi 集两本"。正是由于诗人裴多菲，鲁迅与殷夫之间很快架起了一座友谊的桥梁。

殷夫与鲁迅接通了联系，很快受到鲁迅先生的器重和关怀。从1929年6月16日到1931年1月，鲁迅在日记中写到殷夫（白莽）有18次之多。

1929年7月，殷夫在上海丝厂的一次罢工斗争中第三次被捕入狱，惨遭严刑审讯，关押了一段时间后方被释放。出狱后，殷夫的经济十分困窘，甚至在大热天还穿着从朋友那里借来的棉袍，满脸流汗地去见鲁迅。这个细节一直印刻在鲁迅先生的心头，《为了忘却的记念》一文也提及此事。这天的《鲁迅日记》中有"下午白莽来，付以泉五十，作为稿费"的记载。其实，这不是当真付稿费，而是用付稿费或预付稿费这种说法给他五十元，"使他可以买一件夹衫"。

1929年，殷夫参加了《列宁青年》的编辑工作，从1930年下半年起任主编。"为了迅速地披露青年斗争的消息与鼓动青年的斗志"，刊物也从原先的半月刊改为旬刊，从第17期起又改为周刊；开本由32开改成8开小型报纸形式，后又改为25开。同时，殷夫热情地为左联的《萌芽》《拓荒者》等刊物写稿，发表了很多诗歌、散文、随笔。1930年，中国左翼作家联盟成立，殷夫是发起人之一。是年5月，他以左联代表的身份，参加了在上海举行的全国苏维埃区域代表大会。

关于此时殷夫的情况，新中国成立后，陆定一在给象山县党史征集小组的信中也有记述。1930年7月，陆定一、邓中夏一道从苏联回到上海。团中央决定由陆定一接替已调任全国苏维埃代表大会准备委员会书记李求实的原宣传部长职务，并主编《列宁青年》，直到1931年1月王明上台为止。陆定一说，他想同李求实见面，"交接工作，但没有见面"。当时，陆定一看到"中宣部只有一个干事，名叫徐白（殷夫的原名），懂德文，我去过他住的地方"，并且说："我与他是初见，没有谈过他的身世，我不知道他是否在搞文艺活动，如果知道，我会禁止他这样做的。因为为了秘密工作，他既然在团中央工作，就不许他搞其他社会活动。以免遭到破坏时牵连到团中央的安全。"这也从侧面反映了1929—1930年殷夫创作和工作的情况。

柔石在狱中寄出两封信

1931年初，明日书店聘请柔石担任编辑，并想出版发行鲁迅的译著，就请托柔石来问版税的办法。于是，1月16日夜间，柔石来到鲁迅家，鲁迅便将自己与北新书局所订合同的抄件交给他，合同上盖有鲁迅的印章，柔石"向衣袋里一塞，匆匆的走了"。——这是两人的最后一面。

1931年1月17日下午，林育南、何孟雄等一些党的重要干部和左翼作家柔石、殷夫、胡也频、李求实、冯铿等人在上海东方旅社秘密聚会，商讨抵制王明错误领导的对策。因叛徒出卖，1月17日—21日，在东方旅社、中山旅社共36人被捕。2月7日，国民党淞沪警备司令部在龙华集体秘密杀害了24人。党的六届七中全会通过的《关于若干历史问题的决议》作出了公正评价："林育南、李求实、何孟雄等二十几个党的重要干部，他们为党和人民做过很多有益的工作，同群众有很好的联系，并且接着不久就被敌人逮捕，在敌人面前坚强不屈，慷慨就义。……所有这些同志的无产阶级英雄气概，乃是永远值得我们纪念的。"[1]

最先得到消息的是与柔石同住景云里23号三楼的林淡秋。当天傍晚，他接到北新书店学徒送来一张写着"老赵患急病，进了医院"的条子，当晚便与王育和、魏金枝商量办法。1月18日清晨，同住景云里23号的魏金枝按照昨晚商量的结果，一早便去北四川路（今四川北路）的拉摩斯公寓，向鲁迅报信。同日，冯雪峰一早从丁玲处得知，胡也频昨夜未归，经多方了解证实已被捕。冯中午去鲁迅家报信，"鲁迅先生说已知道了"。

1月19日，公共租界北浙江路江苏高等法院第二分院刑庭开庭，林淡秋在法庭上旁听。关押在老闸捕房拘留所的李求实、殷夫、柔石、胡也频、林育南等先被押上法庭。柔石穿的是西装，近视眼镜也不知哪里去了，殷夫穿的是长袍。他们个个都蓬头垢面，脸上有些浮肿。1月20日，魏金枝再次去鲁迅家，报告昨日林淡秋和张横海律师在法庭上所获

①
中共上海市委党史研究室：《中国共产党上海史1920—1949》，上海：上海人民出版社，1999年：第618—621页。

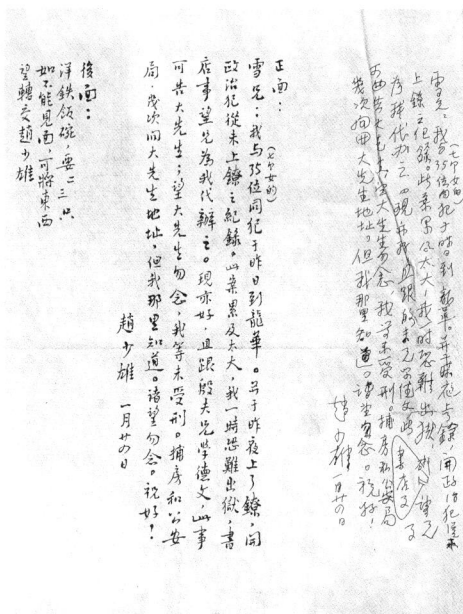

1931年1月24日，柔石被捕后向鲁迅报告狱中情况的亲笔信

悉的"案情重大"的消息。因为柔石被捕时口袋里还藏有鲁迅与北新书局的印书合同。为谨慎起见，鲁迅烧掉了朋友们的旧信札，由内山完造先生帮助，于20日带着家人避走日式"花园庄"旅馆。

柔石在狱中写出两封信。第一封信写于1月24日，用铅笔写在一条碎边纸上。此信是柔石通过狱中送饭人秘密带出送给冯雪峰的，原件现存中国国家博物馆。鲁迅曾全文抄录，抄件现存北京的鲁迅博物馆。鲁迅又在《为了忘却的记念》中引用，行文省去抬头"雪兄"，并将"大先生"改为"周先生"。柔石信中谈及"捕房和公安局，几次问大先生（鲁迅）地址"，并希望鲁迅能够设法营救自己。从信中可知，鲁迅的安全确实受到了威胁。当时，外面还流传起了鲁迅也被捕甚至被杀的谣言，害得鲁迅"十日以来，几于日以发缄更正为事"。2月5日，即柔石就义前的两日，他又给王清溪带信："在狱已半月，身上满身虱来了。这里困苦不堪、饥寒交迫。冯妹（指冯铿——笔者注）脸膛青肿，使我每见心酸。望你们极力为我俩设法。大先生能转托得一蔡先生的信否？如须赎款，可与家兄商量。总之，望设法使我俩早日脱离苦海。"王清溪此前与柔石同住在景云里23号鲁迅旧寓。柔石被捕后，他设法营救；牺牲后，他筹款善后。

不幸的是，2月7日，柔石等人便被秘密杀害于龙华。由于消息被封锁，鲁迅全然不知情。14日，鲁迅在看到柔石的信后，还按照柔石的提议，冒着雨雪去找过蔡元培。《鲁迅日记》记载："雨雪。午后访蔡先生，未遇，留赠《士敏土图》两本。"如果不是救小友心切，鲁迅应该不会冒着雨雪出门吧。直到2月24日，鲁迅"看日本报，才知道本月7日，枪决了一批青年，其中四个（三男一女）是左联里面的"。

1931 年，《前哨》第 1 卷第 1 期刊登《纪念战死者专号》

柔石、殷夫等左联五烈士牺牲，鲁迅极为悲愤。当年 4 月，左联秘密出版《前哨——纪念战死者专号》，鲁迅发表《柔石小传》《中国无产阶级革命文学和前驱的血》等文，他说："我们现在以十分的哀悼和铭记，纪念我们的战死者，也就是要牢记中国无产阶级革命文学的历史的第一页……"

妥善保存烈士遗稿

鲁迅还不顾个人安危，妥善保存了左联烈士的部分手稿。殷夫生前将 1924 年至 1927 年秋的诗作共 65 首编成《孩儿塔》，署名白莽，打算公开出版，还亲自写了《〈孩儿塔〉上剥蚀的题记》一文置于诗集之前，一并送呈鲁迅先生审定，并请作序。此诗集手稿于是由鲁迅保存下来。1936年，鲁迅在《续记》一文中透露："白莽《孩儿塔》的稿子，和几个同时受难者的零星遗稿，都在我这里。"

那么，左联烈士的手稿是牺牲前就放在鲁迅这里，还是之后有人将其转放在鲁迅这里的呢？

鲁迅是极其希望烈士的遗稿得以流传的，还因此受了骗。一个名叫齐涵之的人，自称熟悉殷夫，来信说要给殷夫出诗集，让鲁迅写一篇序文。鲁迅立即写了《白莽作〈孩儿塔〉序》一文，文中写道："一个人如

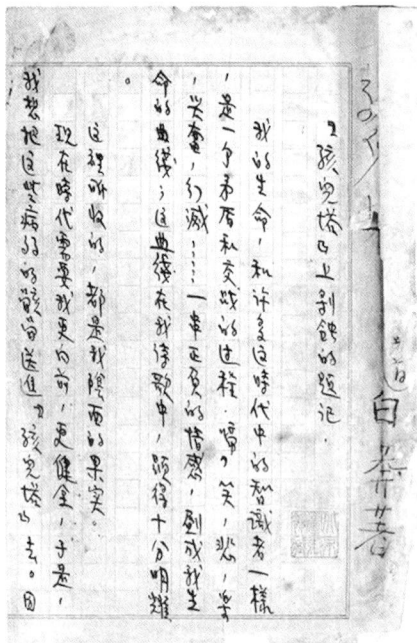
殷夫《孩儿塔》手稿

果还有友情，那么，收存亡友的遗文真如捏着一团火，常要觉得寝食不安，给它企图流布的。这心情我很了然，也知道有做序文之类的义务。"然而，一个月后鲁迅作《续记》一文，气愤地指出，齐涵之即史济行，曾多次致函纠缠鲁迅，向其索稿，均为鲁迅所拒。此次史济行化名齐涵之，请鲁迅为白莽的遗诗作序，亦出于骗稿的目的。在《续记》中，鲁迅解释，因为恐怕连累付印者，所以不提殷夫的姓名，过了几天才又投给《文学丛报》，因为恐怕妨碍发行，所以又隐下了诗（指诗集《孩儿塔》——笔者注）的名目。这充分体现了鲁迅极力避免可能导致诗集不能出版的因素，希望《孩儿塔》能尽早面世，因为这些文集寄托了他对青年烈士深沉的怀念。

许广平在《瞿秋白与鲁迅》一文中曾写道，鲁迅将瞿秋白著作保存于离寓所不远的狄思威路（今溧阳路）专藏存书的颇为秘密的一个书箱内，里面还存放着一些鲁迅的书籍和柔石等人的遗著。[①]柔石就义后，王清溪冒险保存了柔石的部分文稿，然后交给冯雪峰，再由冯转交鲁迅。鲁迅逝世后，许广平搬家时将这些存书全部搬到霞飞路的霞飞坊内。1941年12月，日军闯入她家搜查。一位女佣机智地挡在三楼藏书室的门口，说"三楼租给别人了"，才使这批遗稿保存下来。后来，列行社准备出版《孩儿塔》，许广平亲自从存放在英商麦加利银行保险库里的鲁迅遗稿中找出殷夫的手稿，抄了一个副本交给出版社。然而，这一出版计划没有实现。

20世纪50年代，经国家图书馆研究馆员冯宝琳先生的征集，这些左联烈士的遗稿由许广平转交给冯雪峰，再由冯雪峰捐赠给国家图书馆。所以，在国家图书馆的原始编目卡片上，左联烈士手稿全部著录为"冯雪峰捐赠"。2001年，为庆祝中国共产党建党80周年，国家图书馆举办了馆藏名家手稿展览，其中左联烈士柔石、殷夫、冯铿的手稿首次与广大读者见面。

①

许广平：《鲁迅回忆录》，北京：作家出版社，1961年：第121页。

在国家图书馆所藏百余种鲁迅先生的手稿中，还保存有鲁迅先生撰写的《续记》（1936 年 4 月 11 日）和《写于深夜里》（1936 年 4 月 7 日）两篇文章的底稿。多年以后，柔石、殷夫等人的手稿与鲁迅先生纪念他们的文章一起珍藏在国家图书馆的名家手稿库里。通过这种方式，年轻的左翼作家和他们敬仰的鲁迅先生又"相聚"在一起了。

正义的舌战——上海滩的进步律师群体

两极分化，律师形象各异

19世纪上半叶，西方的坚船利炮轰开了晚清国门，西方的律师业开始传入中国。在上海，先是租界里出现了律师，后来在中外司法审判中，屡屡吃亏的清廷也想到要"见贤思齐"。1910年，清政府推出《大清刑事诉讼律》，有了律师参加诉讼的规定，这被视为中国律师制度肇始。然而，律师制度的正式建立却始于民国初年。

1912年9月，北洋政府司法部颁布《律师暂行章程》。有趣的是，暂行章程还没颁布前，得风气之先的上海就出现了第一个律师公会，蔡寅等14名留日的法科生提请都督陈其美设立"民国辩护士会"，随后又带动诸如苏杭辩护士会、江宁律师会、南京律师公会等组织的建立。1912年12月8日，上海律师公会正式诞生。上海是我国最早有记载实行近代律师辩护制度的地方，并且拥有一支国内城市中人数最多的律师队伍。

1926年，上海律师公会决定自购办公场地，选中了当时环境相对宽松的法租界，在贝勒路572号（今复兴中路301号）建办公楼。1929年10月，公会正式迁入，上海律师界迎来发展的全盛时期。1929年出版的《上海律师公会报告书》显示：上海律师公会的会员人数，1926年235人，1929—1932年间成倍增加，当时仅爱多亚路（今延安路）的中汇大楼，就有70位律师开办的事务所。1936年抗战爆发前夕，上海律师公会已有1340名会员，成为国内规模最大的地方性律师组织。

虽然中国古代就有襄助词讼、代写诉状的"讼师"，但"舶来"的律师职业与中国传统法律文化大相径庭，而且旧上海的知名律师或出身官绅世家，或海外学成归国，其教育背景、人生阅历都足以令其成为当时的精英。例如，沈钧儒于民国初年在北京担任国会议员，1928年5月挂牌当律师；章士钊原先担任北洋政府的司法部部长，1931年11月执业律师；王造时留美归国后，在上海先后主办刊物《主张与批评》和《自由言论》，后来担任律师。

从经济水平和社会地位看，上海律师堪称"行业金领"，享有"中人以上的地位"。有学者统计，20世纪20年代，上海产业工人的月薪仅10元（即银洋，下同）左右，而同期律师的月收入一般在300至2000元不等，知名律师更是"上不封顶"。据1935年中国征信所档案中记载，律师章士钊的年收入为 5—10 万元，汪有龄为 5 万余元。据女律师史良回忆，30 年代中期的好几年，自己每月出庭数约四五十次，仅在 1935 年一年就"作了三万多元的案子"，平均月收入至少在千元以上。有人打趣说，遥想那个岁月，当柯灵等一批作家蜗居在亭子间里写作时，律师已不必"为五斗米而折腰"，能够有余暇参与公共事务了。

客观而言，在上海，似乎很少有哪种职业像律师那样受到极为对立的评价。上海律师公会刚建立时，《申报》曾刊文质疑说："中国自行律师以来，一般无学识之徒及从前专以刀笔为生涯者，亦皆侧足其间，颠倒是非，其遗害实甚。"20 世纪 80 年代，风靡一时的电影《百变神偷》就描绘了民国时期一个见利忘义的"大贪"律师的形象。影片中，华北闹水灾，上海大律师夏炳运独吞 200 万元善款，并栽赃给义侠包德，结果被人揭发。他得到的惩罚之一就是被开除出上海律师公会，这对律师来说形同"革出教门"。这些"夏炳运"们在历史上确实存在，到处吃拿卡要，近代报人包天笑在其《钏影楼回忆录》中辛辣幽默地抖出一些律师的笑料："记得有一位律师帮原告在法庭辩护，临讯之日，匆匆忙忙到了法庭，摊开公文皮包，却忘带了这案的卷宗，法官嘲笑他道：'贵律师怕是搓了通宵麻雀（麻将），没有回家取卷吧？'"

总体而言，当年上海律师界的主流是一批坚持正义、对政治有浓厚兴趣的进步律师。律界泰斗沈钧儒于 1928 年后任上海法科大学教务长，他办理诉讼不像那些"拜金主义律师"，往往遇到贫穷者，不仅不收公费，还自贴车马费和膳费。他经常勉励身边年轻的律师要真正实践法律公正的"大义"，不可媚富欺贫。1946 年第四期的《人物杂志》刊载林之春的《青年老人沈钧儒》一文中谈道："他以侠义心肠为人折冤狱、翻定案，当他判断清楚谁是谁非时，他会全心全力支持是的那方面；穷人找他伸冤，他写状、出庭、大声疾呼的辩护，完全尽义务，甚至于有时候自己还要拿出钱来。"

挺身而出，强烈的爱国精神

在动荡的近代中国，上海总有一批进步律师为社会正义、为国家命运奔走呼号，他们或为被捕的革命志士挺身辩护，或主动参与政治宣传，动员社会，创造影响中国历史走向的条件。

1925 年上海发生"五卅惨案"后，一百余名学生被租界巡捕（租界内的警察）逮捕，并关押在南京路老闸捕房内。当时以唐豪为首的一批学生组织了"学生法律委员会"，他们举行茶会，邀请法律界和新闻界人物共同谴责帝国主义在华的违法罪行。上海许多律师为受害的学生提供法律帮助。会审公廨开庭审理此案，上海律师何飞、梅华铨为被告学生提供辩护。在法庭上，面对捕房的恶意指控，何、梅两位律师针锋相对地予以驳斥。他们当庭陈述，这些被拘的被告人主要是青年爱国学生，他们走上街头是要将中国工人被杀事件告知民众，并未采取暴力行动。如果不是巡捕的过度处理，"事即易了"。上海律师公会也通电司法部，谴责帝国主义的罪恶行径。正是由于他们的有力辩护，被告学生被释放。

1931 年九一八事变后，上海律师公会日趋激进，于该年底发表了《为救济国难宣言》，请求国民政府积极抗日，体现了上海进步律师的忧国忧民之情。与此同时，他们还积极捐款支援前线。1932 年一·二八淞沪抗战爆发，上海律师公会通告全体会员捐款捐物支援前线将士，并致函各地律师公会，请求为淞沪抗战的十九路军将士募捐。不仅如此，以沈钧儒为代表的律师们还赶往前线探望将士，表达了上海律师界不甘做亡国奴的抗日救亡呼声。

据统计，1931 年 11 月至 1932 年 11 月，上海律师公会向抗日将士捐款 34800 多银元，并将此款项分别送给了十九路军、东北义勇军后援会、为国阵亡遗属抚育会。在全国律师公会中，上海律师界首倡抗日募捐，捐款额也位居前列。

在捍卫正义、主持公道方面，上海律师及其自治组织也毫不含糊。1930 年 8 月，律师张星垣因出庭为被捕的中共地下党员吴苏中进行无罪辩护，结果被国民党淞沪警备司令部的稽查员殴打。上海律师公会专门致函警备司令部，要求严厉查究并记录在案，信中特别指出："对律师加以殴辱，实为中外所未闻。"

坚持正义，共产党的患难朋友

1932 年 12 月，中国人权保障同盟在上海成立，沈钧儒、吴凯声等律师加入该组织。他们在营救被捕共产党员方面做了许多工作。1933 年二三月间，廖承志、罗登贤、余文化和红军将领陈赓在上海被捕，此案立即引起社会关注。宋庆龄、杨杏佛等人延请著名的吴凯声大律师，组织律师辩护团出庭辩护。据1933年3月31日《申报》报道："除吴凯声律师外，尚有马常律师，将代表廖承志，蔡晓白律师将代表罗登贤、余文化两人，屠坤范及倪铜律师，将代表陈赓。此诸律师皆将根据法理，为民权保障之奋斗也。"由于廖、陈都有些特殊的身份背景，引起了强大的舆论压力，经过众人的努力，廖承志首先由吴凯声等办理了交保释放手续，后在宋庆龄等人的斡旋下，陈赓也重获自由。

女律师史良更是凭着韧劲和智慧，营救了多名共产党员，在中国革命史上留下一段佳话。1933年4月8日，因叛徒告密，贺龙的家属向元姑在上海法租界徐家汇路寓所落入国民党特务和租界巡捕之手，同时被捕的还有贺龙的堂弟贺干臣（化名王文明）、堂侄贺学庠（化名王瑞卿），两人均系中共党员。同一天，化装成商人的中共地下党熊瑾玎去给贺龙家属送生活费，也被守候在那里的坐探逮捕，之后熊瑾玎的妻子、儿子也被逮捕，这些人随即被引渡给国民党当局。

他们被捕后，中共地下党组织通过关系找到史良，她毫不犹豫地接下了这件一般律师避之唯恐不及的"赤色案件"。4月10日，史良向国民党江苏高等法院第三分院呈递《刑事声请书》，要求进行调查。原高三分院以"危害民国罪"判处熊瑾玎8年徒刑、向元姑、贺干臣徒刑各12年徒刑，经史良、唐豪（史良在上海法科大学的同班同学）等律师的有力辩护，1935年3月，最高法院判决："撤销原判，发回更审。"1936年1月4日，高三分院改判熊瑾玎徒刑6年，向元姑、贺干臣徒刑各5年，不久便被中共地下党组织营救出狱。

此外，在中共地下党组织的领导下，史良还营救过中共党员邓中夏、任白戈、陈卓坤、方知达、吴仲超、左翼作家艾芜等人。习仲勋曾在纪念史良的文章中写道："我们党的邓中夏、任白戈等同志在遭到国民党反动派非法逮捕后，她奋不顾身，积极进行辩护和营救。当时她所表现出来的与我们党患难与共，密切合作，息息相关，英勇斗争的高尚精神，是十分难能可贵的，令人由衷地敬佩。"

"举事之人"，不畏强暴

当上海的律师精英们为别人据理力争之际，没想到自己也会成为被告。1936 年 5 月 31 日，全国各界救国联合会成立，大会讨论通过了《全国各界救国联合会成立大会宣言》《抗日救国初步政治纲领》等重要文件，选举沈钧儒、章乃器、李公朴、沙千里、史良、王造时等 14 人为常务委员。要求国民政府停止内战，召开各党派联合会议，建立统一的救国政权。律师是救国会里的一支重要力量，由于律师地位较高，所以造成了巨大的政治影响，对国民政府构成了一定的政治压力。在陕北的毛泽东曾公开写信给他们，表示支持。

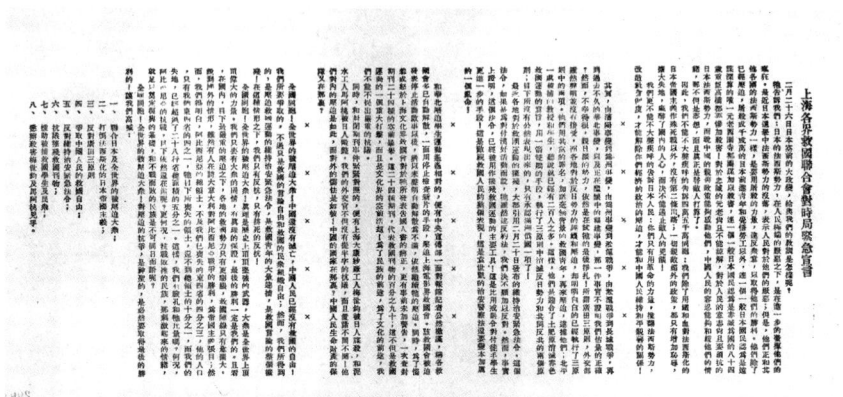

1936 年，上海各界救国联合会对时局紧急宣言

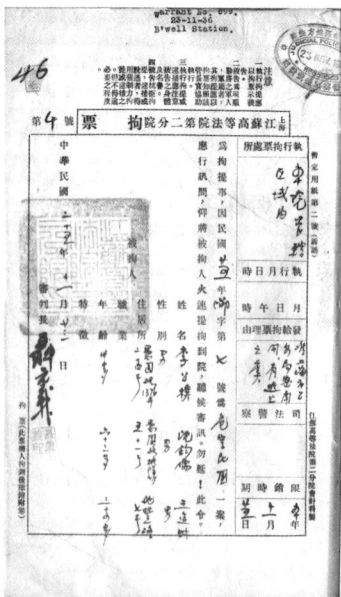

1936 年 11 月 23 日，江苏高等法院第二分院拘捕李公朴、沈钧儒、王造时等"七君子"的记录（上海市档案馆藏）

11 月 23 日，国民政府以"危害民国罪"，逮捕了七名救国会领导人，人称"七君子"，其中沈钧儒、史良、沙千里、王造时四人都是上海知名大律师。次年 4 月，国民政府公然对"七君子"提起公诉。6 月 1 日和 25 日的两次开庭中，"七君子"对起诉作了有力批驳，沈钧儒力辩："如果有罪，那么就是犯了'爱国未遂罪'。"

为"七君子"辩护的律师团更是"豪华阵容"，聚集 21 名律师精英，包括张耀曾、李肇甫、陈志皋、江庸、汪有龄、江一平、刘崇佑、张志让等，堪称上海律师界的"梦之队"。这些律师既有做过司法总长、国会议员、大理院（最高法院）审判长的，也有大学法学院院长、教授，其中不少人是仗义而来，义务为他们辩护。庭审辩护中，身为被告的史良穿着香云纱衣裙，逐条驳斥国民党的指控，把"爱国有罪"的荒谬制度批得体无完肤，而张志让、张耀曾等律师为"七君子"的辩护也是字字千钧，使指控方无以应对。

国民政府采取软硬兼施的策略，一面劝降，一面指使检察官将"七君子"事件定性为组织非法团体，以企图煽动工人罢工、颠覆政府等罪名提起公诉。律师团针对起诉书中有关"危害民国"的指控，写下一篇长达两万字的答辩书，明确指出起诉书颠倒是非、混淆黑白，是对法律尊严的摧残，也是对历史功罪的妄断。时人形容，"七君子"案几乎成为上海律师业与国民党反动派的一次"集体博弈"，这群"举事之人"敢作敢为，有豪情，有胆气。

就在"七君子"案审理的关键时刻，律师张耀曾（曾任中华民国第一任司法总长）一度通过钱新之、吴铁城等沪上名人向国民党高层游说，寻求转圜。这些"中间人"不仅为"七君子"向蒋介石求情，他们也受蒋介石之托游说"七君子"，企图让他们"具结悔罪"，但被"七君子"严词回绝。抗战全面爆发后，在社会舆论的强大压力下，1937年7月末，法院被迫裁定释放七君子。沈钧儒在欢迎会上说："不变初旨，誓为国家民族解

1937年7月，"七君子"出狱合影

放而斗争。"后来，在抗日民族统一战线的旗帜下，沈钧儒、史良均加入了国民政府主导的国民参政会，投身到抗日洪流中。

在风起云涌的中国近代大潮中，上海这批进步律师以精湛的专业知识，投身于弘扬法治、维护正义的律师事业，也是中国共产党得以借助的力量。新中国成立后，沈钧儒担任最高法院院长，为新中国初建人民法制体系做出巨大贡献；史良担任首任司法部部长，《中华人民共和国婚姻法》更是她送给中国女性的一件礼物。

"红色中华"在这里孕育

——愚园路庆云里的秘密"智库"

秘密成立"苏准会"

1929 年下半年起，以农民运动为基础的游击战争和革命根据地（简称苏区或红区）迅速发展。赣、湘、鄂、闽、粤、桂、苏、豫、浙、皖、川、陕、甘等 15 块革命根据地在国民政府统治的区域割据而立。客观形势的发展迫切需要一个能对分散在各地的苏维埃区域的红军实行统一指挥的红色中央政权。这样，召开第一次全国苏维埃代表大会（简称"一苏大"），成立中华苏维埃中央政府，便提上了议事日程。

当时，议定在上海首先召开苏维埃区域代表大会，选出代表，再组成苏维埃代表大会中央准备委员会。

1930 年 5 月 20 日至 24 日，全国苏维埃区域代表大会在上海秘密召开。会场设在公共租界卡尔登戏院（20 世纪 50 年代初更名长江剧场）后面的一幢四层楼房里。这是中共中央特科第一科（总务科）和第三科（行动科）相互配合安排的。为掩人耳目，特科人员临时挂起了私人医院的招牌。一楼是挂号门诊间，住着特一科的工作人员，二、三楼是病房，四楼为会议厅。开会时，各地代表以"病人"身份相继"住院"。全国各苏区的代表共 49 人出席，大会决定组成全国苏维埃代表大会中央准备委员会，以领导"一苏大"的准备工作。

9 月 12 日，"苏准会"正式成立。林育南担任秘书长，负责各项法令和文件的起草工作。周恩来等亲临指导，第一次准备会议讨论通过了《中华苏维埃共和国国家根本法（宪法）大纲》草案，以及《劳动保护法》《土地暂行法》草案等一系列文件。9 月 19 日，在上海出版的中共中央机关报《红旗日报》发表社论《论召集全国苏维埃大会的运动》指出：

> "在我们今天的《红旗日报》上，我们见到了全国苏维埃代表大会中央准备委员会第一次全体会议的经过，决定了关于准备召集全国苏维埃大会的议事日程、中华苏维埃国家的根本法草案……这些决议，在现在全中国苏维埃革命猛烈发展的形势中，都具有了非常伟大的重要的政治意义。"

"苏准会"的各项工作在上海进行。中央特科一科安排租用了愚园路庆云里 31 号（今愚园路 259 弄 15 号，原建筑已拆除）的一座三层的旧式里弄石库门房子作为"苏准会"秘密机关。由时任中华全国总工会执行委员的林育南兼任"苏准会"秘书长，负责中华苏维埃共和国的各项法令和文件的起草及大会的基本准备工作。

林育英（张浩）、林育南、林彪（林育容）是共产党内颇有盛名的"林家三兄弟"。林育南是林育英、林彪走上革命道路的引路人。林育南于1922年加入中国共产党，是中共早期工人及青年运动的领导人。五四运动中，他与

林育南

恽代英、陈潭秋等组织和领导武汉的斗争，为武汉学生联合会负责人之一。早在1927年5月，林育南在中共五大上当选为候补中央委员，还曾经担任沪东区委书记，熟悉上海情况，具有丰富的地下工作经验。

全国苏维埃中央准备委员会
秘密机关遗址旧照

周恩来指导文件起草工作

为了隐蔽，林育南打扮成李姓湖北皮货商人，机关内部则按照一个旧时有钱人的排场来布置。同时实行机关家庭化：居住着林育南、李林贞夫妇以及李星月、胡毓秀夫妇。李星月担任秘书，参与"苏准会"文件起草工作；胡毓秀的任务是掩护机关，对外和李林贞以姑嫂相称。他们以一家人的身份作掩护，机智巧妙地与外界侦探周旋。

有一天中午，一位陌生人闯进来，问这里有无空房出租。林育南客气地进行寒暄，回答得滴水不漏。"哈哈，好一个李老板！"这位陌生人摘下墨镜、取掉假胡子，说，"林育南同志，你的警惕性很高，这里确实比较安全呀！"林育南这才发现，站在自己面前的竟是在沪实际主持中共中央日常工作的周恩来。

此后，1930年9至10月间，周恩来、瞿秋白、李维汉、任弼时、恽代英、王稼祥等常来此指导文件起草。正是在这里，"苏准会"的同志们夜以继日地工作，草拟了中华苏维埃代表大会的《宪法大纲》《劳动法》《土地法》和经济、外交、肃反等政策文件。

1980年，胡毓秀撰写回忆文章《"苏准会"秘密机关》，让后人仿佛回到了当年艰险的斗争岁月。周恩来有一次到这里来时化了装、贴了假胡子，连胡毓秀也没认出来，但周恩来一眼就认出她，亲切地叫了声"小鬼"，胡毓秀高兴得脱口称呼"参谋长"。原来，1927年八一南昌起义时，是周恩来亲自批准胡毓秀参加起义部队的，胡毓秀就在参谋团工作，周恩来当时任参谋长。但这是秘密机关，凡事须小心谨慎，所以周恩来连连摇手制止她。

在大约两个月的时间内，

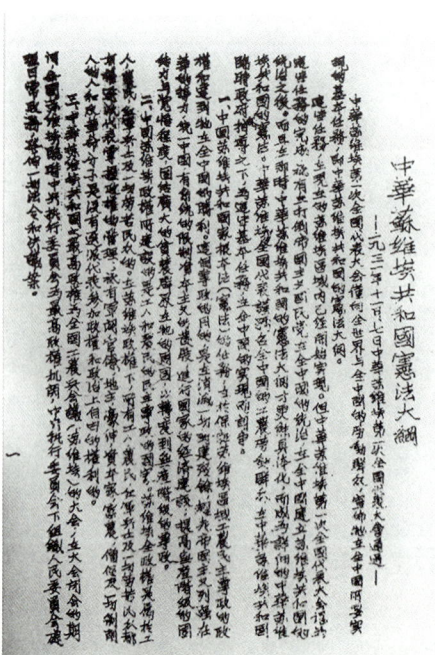

1931年制定的《中华苏维埃共和国宪法大纲》

周恩来到"苏准会"秘密机关的次数很多。每次来，他总是按照事先约定的暗号，轻轻敲门三下。这期间，他主要是指导起草"一苏大"的几个文件，从内容到形式，从总则到各个条款，周恩来都提出了明确的具体意见，并且与林育南等同志一起反复修改。后来，"一苏大"通过的《中华苏维埃共和国宪法大纲》《土地法》《劳动法》等法令就是在愚园路庆云里酝酿的草案基础上讨论修改而成的。

"苏准会"紧急转移

1930 年 12 月初，"苏准会"工作告一段落，林育南受党中央重托，带领人员前往江西瑞金的中央苏区做大会的准备工作。他虽乔装打扮，但因国民党纠集 10 万兵力对中央苏区进行第一次"围剿"，沿线关卡林立。林育南等人走到江山县后只好重返上海。

1931 年 1 月 17 日，一些党的重要干部和左翼作家在上海东方旅社（后门牌为汉口路 666 号，原建筑已不存）研究反对王明"左"倾教条主义错误问题，因叛徒告密，林育南、何孟雄等人被国民党军警及租界巡警逮捕。

情况紧急，大家赶快分头出去报信。胡毓秀负责通知张文秋。张是驻守"苏准会"秘密会址（原英租界爱文义路卡德路口，今北京西路 690—696 号）的人员。于是，张文秋马上转移。李林贞则负责通知其他机关。回到愚园路的"家"，李林贞、胡毓秀跑上三楼，把后窗玻璃上贴的纸条和窗台上的花盆拿掉，以提醒其他同志不要再来该秘密机关。那个窗口正对着后门小弄堂，老远就可看到有无警号。随后，李林贞、李星月、胡毓秀等人也转移了。

林育南被捕的第三天，巡捕房将他移交给国民党上海市公安局。关押期间，国民党江苏省高等法院

1930 年初召开的全国苏维埃区域代表大会筹备会议会场遗址旧照

第二分院将林育南作为"首犯"进行审讯,但一无所获。之后,又将他押送到龙华淞沪警备司令部看守所。中共中央政治局得知林育南、何孟雄等人被捕的消息后,马上令中央特科组织数名武装人员,准备在龙华警备司令部与租界处劫车,但因敌人已有防备而未能成功。

林育南一行被押到龙华时,正好被先入狱的柴云堂看见。柴在回忆材料中写道:"他们一行从东到西,站成一排队形。林育南不过30岁的模样,头上着青黑色呢子礼帽,身穿青灰色长袍,中等身材,两眼闪闪发光,像射出怒火似的。一对眉毛像扇子一样掀着……这些"犯人"被敌人戴上20斤重的铁镣后,分别关押在一、二、三号牢房里。"

与此同时,党中央对林育南等人也极为关心。经常派人以"李少堂"家属的名义探监,还指示"互济会"给他们送去衣服、药品和钱。林育南虽然身陷囹圄,却将生死置之度外。为了将自己被捕的经过和情况告诉组织,他和李求实联名向党中央写了一份报告,通过秘密渠道转给了党中央。1931年1月底,他用暗语向同乡陆若冰写了一封信:"17日被累,23日转龙华司令部,戚妹如要见他,可于星期三12点至下午3点,以亲戚名义到龙华司令部看守所要求会晤湖北黄陂人李少堂(广告商人)即可。"陆若冰将这封信转给了党中央,党组织才知道林育南等被捕的具体情况。在狱中,林育南经受了严刑拷打,却宁死不屈,保持了共产党员的坚定立场。1931年2月7日,林育南、何孟雄、李求实、柔石、胡也频、殷夫、冯铿等24位共产党员与革命者在上海龙华英勇就义。林育南牺牲时年仅33岁。

龙华二十四烈士墓

直到3月中旬,党中央才得到龙华24烈士就义的消息。周恩来与林育南、何孟雄、李求实是革命战友,感情甚笃。3月12日,周恩来悲愤地在《群众日报》上写了《反对国民党残酷的白色恐怖》的社论。社论说："林育南、何孟雄等 23 同志（实际为 24 人）是无产阶级的先锋战士，他们的牺牲是革命中的巨大损失。革命战士的英勇热血必然更要燃烧着革命的火焰，更加迅速摧毁和埋葬帝国主义、国民党以及一切反动势力。"①

1931 年 11 月 7 日至 20 日，俄国十月革命纪念日，中央苏区江西瑞金叶坪谢氏祠堂，中华苏维埃第一次全国代表大会召开。这次大会历经 14 天，宣告了中华苏维埃共和国临时中央政府正式成立，通过了苏维埃宪法大纲等一系列法律法令，选举产生了中华苏维埃共和国中央执行委员会，毛泽东当选为中央执委会主席。一个新型的中华苏维埃共和国喷薄而出，江西荒僻山坳里预演了 18 年后的新中国诞生。

上海为"一苏大"的召开做了大量的前期工作，"苏准会"不啻为红色中华的"智库"。如今，庆云里已无迹可寻，昔日的石库门三层楼房成为街中绿地。烈士惜去，但浩然之气长存。

①

中共中央文献研究室：《周恩来年谱（1898—1949）》，北京：中央文献出版社，1997 年：第207 页。

东方泛起的鱼肚白

——中共早期创刊号之发刊词

富有思辨性的党刊发刊词

自中国共产党诞生到国民革命期间，中共早期报刊创刊号中的发刊词尚未形成固定的文字风格，而且多为陈独秀、李汉俊、瞿秋白、蔡和森等个人撰写，非编辑部同仁共同草拟，因而具有独特的个人语言风格。党刊的发刊词既反映了当时社会环境的变化，又表明了共产党人所办刊物的性质、宗旨等。将这一时期中共出版的党刊、工人刊物和青年刊物的发刊词加以比较，可以看出针对不同受众需求，发刊词的语言也各有特色，既有宏大开阔的论述，也有深入浅出的"拉家常"，这折射出共产党新闻事业的发展历程。

可通过三份中共早期创办的党刊一窥其特色，这三份党刊分别是 1920 年《共产党》月刊、1922 年《向导》周报、1927 年《布尔塞维克》。

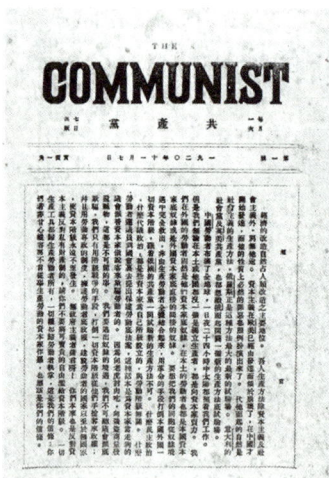

1920 年 11 月 7 日《共产党》月刊第一期

1920 年 11 月 7 日，《共产党》月刊出版，这是中国共产党上海发起组创办的一个理论性机关刊物。《共产党》月刊于 1921 年 7 月停刊，共计出版 6 期。该刊反映了中国共产党在筹建时期的情况和活动，以及早期共产主义者的理论认知。

陈独秀为《共产党》创刊号撰写发刊词《短言》，直截了当地指明创刊目的是"适应建立中国共产党的需要而创办的"，指出中国革命未来的道路是要推翻资产阶级、引领中国走向社会主义，而实现路径是"要想把我们的同胞从奴隶境遇中完全救出，非由生产劳动者全体结合起来，用革命的手段打倒本国外国一切资本阶级，跟着俄国的共产党一同试验新的生产方法不可"。

这篇发刊词铿锵有力，论证时采用中外对比，理论视野开阔。在论及社会主义的生产方法时，陈独秀写道："俄罗斯正是这种方法最大的最新的试验场。意大利的社会党及英美共产党，也都想继俄而起开辟一个新的生产方法底试验场。"为了批判无政府主义思想，文末用略带调侃的语气说："无政府主义诸君呀！你们本来也是反对资本主义反对私有财产制的，请你们不要将可宝贵的自由滥给资本阶级。一切生产工具都归生产劳动者所有，一切权都归劳动者执掌，这是我们的信条；你们若非甘心纵容那不肯从事生产劳动的资本家作恶，也应该是你们的信条！"实际上，《共产党》第1—5期的《短言》概莫能外地对无政府主义进行了批判。当时，无政府主义在中国的许多先进知识分子中，尤其是革命青年中有着较为广泛的影响。将矛头对准无政府主义，标志着中国共产党早期组织与之分野，倡导马克思主义信仰。

1922年9月，中共二大之后中国共产党创办了中共中央第一个政治机关刊物《向导》周报。该刊最早提出"打倒帝国主义"和"打倒封建军阀"的口号，首次明确、公开地阐述中国共产党当前阶段所领导的革命的性质是国民革命。陈独秀为《向导》周报撰写的发刊词《本报宣言》，以设问的修辞手法开篇："现在最大多数中国人民所要的是什么？我们敢说就是要统一与和平。"这极大地提升了读者的阅读兴趣，启迪读者思考。发刊词简短有力地论证："现在的中国军阀的内乱固然是和平、统一与自由之最大的障碍，而国际帝国主义的外患在政治上，在经济上更是钳制我们中华民族不能自由发展的恶魔。"说明当时中国内受军阀、外受帝国主义剥削之苦。发刊词谈到自由的权利：群体都应该享有"言论、集会、结社、出版、宗教信仰"等自由——因为它们"是生活必需品"，而不是"奢侈品"。然而实际上，这些权利被"军阀剥夺净尽"，被"袁世凯私造的治安警察条例所束缚"。因此，要争取到这几项"生活必需的自由"，

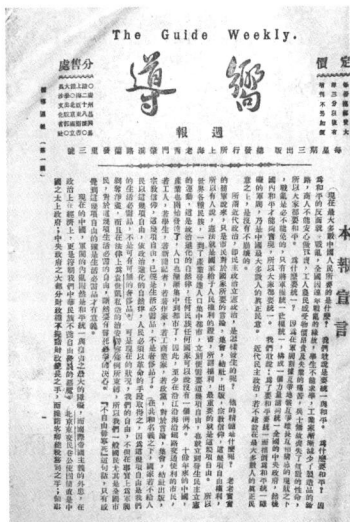

1922年《向导》周报第一期

《向导》周报发行所旧址

《布尔塞维克》编辑部旧址

"一般国民"特别是"全国市民"要有"誓死必争的决心"。发刊词的结尾更是一字千钧："现在，本报同人依据以上全国真正的民意及政治经济的事实所要求，仅以统一、和平、自由、独立四个标语呼号于国民之前！"旗帜鲜明地提出这四个口号，宣传中国共产党的革命纲领以及以国共合作为中心的统一战线政策。

1927年10月24日，国民大革命失败初期，中共中央从武汉迁回上海，秘密出版了党的理论性机关刊物《布尔塞维克》。该刊编辑委员会以中共中央临时负责人瞿秋白为首，具体工作由郑超麟主持。该刊前六期为周刊，以后逐渐变为半月刊、月刊和不定期刊。

面对国共合作破裂的严峻形势，《布尔塞维克》发刊词《发刊露布》中说中国共产党曾"向导国民党"，使国民党从"腐化崩溃之中复活起来"。同时提到国共合作是基于共同的反帝反封建目标。但是，国民党领导层却"背叛革命"，"背弃他们自己的三民主义"，国民党由此开始逐渐失去民心。这种情况下，只有代表无产阶级利益的"中国共产党才能担负起领导的责任"。也就是说，今后中国的革命运动，只有"无产阶级的政党"才能够肩负起"领导的责任"。

文末更是旗帜鲜明地提出了中国布尔塞维克的使命："谁能解放中国，使中国最大多数的工农贫民自己得到政权，开真正社会主义建设的道路？只有布尔塞维克！所以'布尔塞维克'便继'向导'而发刊了。"在当时的险恶环境下，该刊发刊词明确提出坚持无产阶级领导权，解放中国，这是殊为可贵的。

通俗易懂的工人报刊发刊词

《劳动界》《劳动音》这两份工人期刊分别创刊于上海、北京，创刊时间都是1920年，被后人称为"兄弟刊"。为适合工人阅读，这两份刊物文字浅显易懂，注重口语化、生活化。

1920 年 8 月 15 日创刊的《劳动界》由中国共产党发起组在上海创办，是中共成立之前最早宣传马克思主义的工人刊物，1921 年 1 月 23 日出至第 24 期后停刊。李汉俊撰写了该刊的发刊词《为什么要印这个报？》。文中没有做任何理论阐述，而是从工人最关心的温饱问题谈起，围绕工人之苦以及抗争之必要进行论述。办刊宗旨是致力于"教中国工人晓得他们应该晓得的事情"，鼓励工人群众用"充足的智识和善良的方法"，做"排斥他们（即资产阶级）的利器"，成为"阶级战争的工具"。

《劳动音》创刊于 1920 年 11 月 7 日，由中国共产党北京早期组织创办，邓中夏以"心美"的笔名为创刊号撰写了《我们为什么出版这个（劳动音）呢？》一文，指出该刊的主要任务就是"阐明真理，增进一般劳动同胞的智识；研究些方法，以指导一般劳动同胞的进行，使解决这不公平的事情，改良社会的组织"。

1921 年 8 月 11 日，中国劳动组合书记部在上海成立，这是中国共产党领导工人运动的总机关。8 月 20 日，机关报《劳动周刊》正式创办。张国焘、李震瀛、李启汉先后担任主编。《劳动周刊》每逢周六出版，在北京、上海、广州等大城市拥有自己的发行网络，发行量最大时达到 5000 份，受到了工人读者的广泛好评，被工人们誉为"指路明灯"。《劳动周刊》的发刊词点明了办刊宗旨："我们这个周刊不同于有产阶级的报纸，有产阶级的报纸是只记得金钱，哪里记得什么公道正义呢？我们的周刊不是营业的性质，是专门本着中国劳动组合书记部的宗旨为劳动者说话，并鼓吹劳动组合主义，我们希望中国的工人们都拿材料来供给这个唯一的言论机关，都来维护这个唯一的言论机关，扩大解放全人类的声浪，促进解放全人类的事业实现！"

如果说早期的工人期刊尚是为了唤醒工人，那么，到国民大革命时期，工人期刊的主要任务则是指导斗争、介绍斗争经验了。1924 年 10 月，中共中央在上海创办了《中国工人》月刊，但并未能够每月按时出版。彭述之撰写发刊词："我们要

1924 年 10 月《中国工人》第一期封面

115

消灭一切军阀与一切帝国主义，绝对不能希望别人，只有我们工人自己。只有我们自己去组织可靠的群众，指导群众。全国的工友们啊，快醒悟罢！快起来罢！要想从万恶的帝国主义与军阀手里争得中国将来，非得自己下手是绝对不可能的。"

比较党刊和工人刊物创刊号的内容，可以发现：党刊以理论阐述、译介国外马克思主义文章为主，语言严谨缜密；而工人刊物少有引经据典，多为列举工人的苦难，号召工人斗争等。由于读者受众的文化程度、思想认知的差异，共产党人早期刊物即使在描述同一内容时，也会选择不同的语言表达方式。例如，同为共产党上海早期组织创办的刊物，《共产党》《劳动界》两刊在论证国外资产阶级压迫无产阶级时，《共产党》第1期《短言》列举了"欧美""意大利"等知识分子熟知的名称；而基于工人的理解程度，《劳动界》发刊词统一简称为"外国"。

热情澎湃的青年刊物发刊词

青年是国家的未来和希望。早期的中共创始人无不对青年寄予厚望。李大钊曾鼓励"青年之文明，奋斗之文明也，与境遇奋斗，与时代奋斗，与经验奋斗"。陈独秀在《新青年》发刊词中更是盛赞"青年如初春，如朝日，如百卉之萌动，如利刃之新发于硎，人生最可宝贵之时期也"。

1922年1月15日，由中国社会主义青年团北京地区组织主办的《先驱》在北京创刊，邓中夏、刘仁静任主编。从第4期起，《先驱》迁至上海出版，改由中国社会主义青年团临时中央局主办，成为中国社会主义青年团临时团中央机关刊物，主编为施存统。第8期后，由中国社会主义青年团中央执行委员会主办，成为团中央机关刊物，这也是共青团历史上第一份机关刊物。1923年8月15日后停刊。

《先驱》创刊词指出该刊宗旨："本刊的任务是努力唤醒国民的自觉，打破因袭，奴性，偷惰和倚赖的习惯，而代以反抗的创造的精神，使将来各种事业，都受着这种精神的支配而改变。我们的政治，以后就不至于这样黑暗，我们达到理想的社会——共产主义的社会的道路，也就容易得多了。"号召青年打破社会束缚，走共产主义道路。紧接着，文章提出"第一任务是努力研究中国的客观的实际情形，而求得一最合宜的实际的解决中国问题的方案。我们除了以上两种目的之外，还要介绍各国社会主义运动的成绩和失败之点，以供我们运动的参考。我们特别注意的是俄国革命的状况和革命之后的建设将他们实际运动的真相，忠实的介绍国人"，说明刊物要研究国情，吸收俄国革命经验，来解决中国实际问题。

《先驱》的重要特点是大量译载关于少年共产国际和各国青年运动的材料，陈独秀、蔡和森、李达、邓中夏、施存统等常在该刊发表文章。该刊主要反映了青年团第一次至第二次代表大会之间的活动情况，还反映了当时中国共产党人的许多

1922 年北京《先驱》创刊号发刊词

重要政治见解和重要活动，如有关第一次非基督教运动等，因而极具史料参考价值。

1923 年 10 月 20 日，团中央决定继《先驱》之后出版《中国青年》。该刊的发刊词别具一格，以抒情咏叹小调开头："政治太黑暗了，教育太腐败了，衰老沉寂的中国像是不可救药了。"之后提出"许多人都相信中国的唯一希望，便要靠这些还勃勃有生气的青年"。紧接着提出要从三个方面来引导青年："《中国青年》要引导一般青年到活动的路上，要介绍一些活动的方法，亦要陈述一些由活动所得的教训。……《中国青年》要引导一般青年到强健的路上，要介绍一些常见伟人的事迹与言论，亦要用种种可以警惕青年的材料，以洗刷青年苟且偷惰的恶弊。……《中国青年》要引导一般青年到切实的路上，要介绍一些切实可供研究的参考资料。要帮助青年去得一些切近合用，然而在学校中不容易得到的知识。"文末呼吁阅者诸君："大家要给我们一些仁爱的帮助，以辅我们的不周到地方。"

早期共产党人学习了国际无产阶级办报经验和宣传政策，得到了多方面的指导。瞿秋白远赴苏俄采访，蔡和森、周恩来等研究马列主义和俄国的办报经验。这些报刊的发刊词旗帜鲜明地表达了报刊的性质及方向，起到宣言作用。中共早期刊物的创刊号集指导性、资料性、鉴赏性和史料文献性于一体，极具收藏价值。

泣血的临终遗言——重读革命烈士遗书

矢志不移彰党性

烈士遗书是共产党人的信仰袒露，或理性阐述，或殷切叮咛，彰显烈士的思想境界。

中国共产党的主要创始人之一的李大钊，一生共撰写上百万字的文稿。据统计，仅从 1919 年 5 月至 1921 年 7 月中国共产党成立，李大钊就发表论文、演讲、杂文、讲义等约 140 篇，平均每 6 天就发表 1 篇。他在中国首倡马克思主义思想，也是国共合作的主要推动者之一。1927 年 4 月 6 日，奉系军阀张作霖闯进苏联驻华大使馆驻地，逮捕了李大钊等人。在监狱中，李大钊备受酷刑，他写下《狱中自述》和《狱中供词》，这是李大钊留下的最后的文字材料。

李大钊之所以要撰写自述，其主要原因在于"因预审中供词，由书记记录，多与彼原意不甚相符"。在《狱中自述》中，他痛感"再造中国之不可缓"，"直到于今，中国民族尚困轭于列强不平等条约之下，而未能解脱。此等不平等条约如不废除，则中国将永不能恢复其在国际上自由平等之位置。而长此以往，吾之国计民生，将必陷于绝无挽救之境界矣"。他表达自己对革命事业的无限忠诚："钊自束发受书，即矢志努力于民族解放之事业，实践其所信，励行其所知，为功为罪，所不暇计。"

为了保护同狱的爱国青年，李大钊在《狱中自述》最后直言："今既被逮，惟有直言。倘因此而重获罪戾，则钊实当负其全责。惟望当局对于此等爱国青年宽大处理，不事株连，则钊感且不尽矣！"表现了共产党领导人的宽广胸怀。

在生命的最后，李大钊想到的都是革命事业，而不是小家庭，因而在狱中未给家人留下一封书信。他的女儿李星华在《回忆父亲李大钊》一文中写道："父亲在狱中十几日绝口不提家事。尽管当时对父亲的这种冷淡我做梦也没有想到，但在事后还是非常能够理解我所敬爱的父亲。他永远爱我们，可是在他坚强的心中，革命事业所占的位置，却要比个人的利益和安危重一千倍！重一万倍！"

李大钊《狱中自述》的亲笔定稿现存中国国家博物馆，而《狱中供词》为抄件，被京师警察厅称为"李大钊供词全份"，抄送给京师高等检察厅。这份材料于 20 世纪 80 年代初在北京市档案馆中被发现。

在狱中，革命者写给党组织的信件多为说明被捕情况，提醒党组织注意或表明心迹的文字。

1929年8月24日下午，在上海公共租界新闸路经远里1015号（今新闸路613弄12号）中共中央军委联络点，时任中共中央政治局委员、中央农委书记兼中共江苏省委军委书记的彭湃，时任中共中央政治局候补委员兼中央军事部长的杨殷，时任中共中央军委委员、江苏省委军委秘书的颜昌颐，时任中央军委兵七科科长、江苏省委军委委员的邢士贞、时任上海总工会纠察队副总指挥的张际春等人正在开会。由于叛徒出卖，五人全部被捕。

8月30日，彭湃、杨殷在龙华监狱给党中央写了一封信，让党组织停止营救。信中说："我等此次被白（指白鑫）害，已是无法挽救。张、梦、孟（指张际春、杨殷、彭湃）都公开承认，并尽力扩大宣传。他们底下的丘及同狱的人，大表同情。尤是丘等，听我们话之后，竟大叹气而捶胸者。"信中还说："我们未死的那一秒钟以前，我们努力在这里做党的工

1929年9月14日《红旗日报》刊载周恩来撰写的《纪念着血泊中我们的领袖》，叙述彭、杨、颜、邢四同志被敌人捕杀经过

①

郭德宏:《彭湃年谱》,
北京:中共中央党校
出版社,2007年:第
463页。

作,向士兵宣传,向狱内群众宣传。我们在此精神很好,同志们不要为因弟等牺牲而伤心。望保重身体为要!"①信末还提及颜昌颐、邢士贞尚未公开自己的身份,暗示党中央继续想办法营救。

彭湃被称为"农运大王",是中共早期卓有功勋的领导人之一。1929年9月14日,周恩来为纪念彭湃等人就义,在《红旗日报》撰写纪念文章,发誓"更痛切更坚决地继续着死难烈士的遗志,踏着死难烈士的血迹,一直向前努力,一直向前斗争"。1931年11月,红军在江西瑞金组建中央军事政治学校,下设"红军第一步兵学校",主要负责培训和提高中、初级红军指挥员。为了纪念彭湃和杨殷,特将该校命名为"工农红军彭杨步兵学校"。

1933年9月5日,邓中夏被上海市公安局引渡,押解至南京宪兵司令部。邓中夏留下狱中遗言,阐明对生死的态度:"一个人不怕短命而死,只怕死得不是时候,不是地方……为了个人升官发财而活,那是苟且偷生的活,也可以叫做虽生犹死,真比鸿毛还轻。一个人能为了最多数中国民众的利益,为了勤劳大众的利益而死,这是虽死犹生,比泰山还重。人只有一生一死,要生得有意义,死得有价值。"在就义前两天,邓中夏给党组织写下最后一封信:"同志们,我快要到雨花台去了,你们继续努力奋斗吧,最后的胜利终于是属于我们的!"这是革命乐观精神的宣言。

养育之恩难报答

一个人在离世之际,最牵肠挂肚的莫过于亲人了。所以,在烈士遗书中涉及最多的内容是对父母、妻儿等家事的交代和对家人的别离之痛。

在给父母的遗书中,常有劝慰父母、感谢养育之恩的文字。江苏省档案馆保存了郑覆他烈士临别前给父亲的一封家书。1927年,郑覆他担任上海总工会委员长、中共江苏省委常委,在上海领导了多次经济斗争大罢工。1928年2月17日,上海总工会在新闸路酱园弄召开上海各区工会特派员和产业工会负责人会议。因内奸出卖,陈乔年、郑覆他、许白昊等十余人一同被捕,被关押在龙华监狱。4月30日,郑覆他在狱中给父亲写了一封信,表达了对死的泰然:"……在现在这种世界,人的生死,本来比鸡犬还不如,就算安居生存,也不过如牛马一般牢(劳)碌而已,生也何乐，死也何愁，如儿者真不过沧海之一粟耳，万一侥天之幸，得能释放，当详为父亲言之也，万望父亲弗过忧急，悲哀，致伤尊体。"在信中，他劝慰父亲不要悲伤。6月6日，郑覆他与陈乔年、许白昊等在上海枫林桥英勇就义。

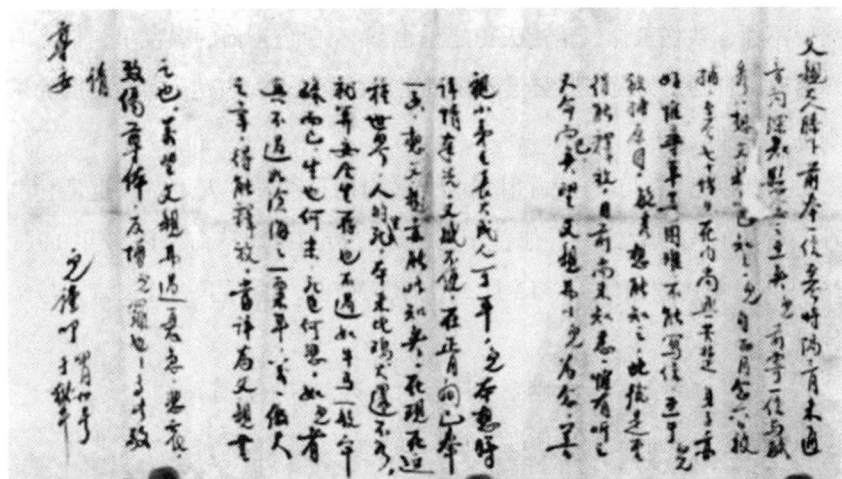

1928 年 4 月 30 日，郑覆他在狱中给父亲的信（江苏省档案馆藏）

1928年3月18日，夏明翰在汉口赶去工作的路上被捕，在狱中，遭受酷刑的夏明翰许久才苏醒过来，全身剧痛。他知道剩下的时间不多，便强忍剧痛，用颤抖的手拿起半截铅笔，写了三封书信，分别给母亲、妻子和大姐。夏明翰的母亲知书达理，顶住家庭压力，支持儿子的革命事业。在给母亲的遗书中，夏明翰用诗一般的语言宽慰母亲："你用慈母的心抚育了我的童年，你用优秀古典诗词开拓了我的心田。亲爱的妈妈，你只教儿为民除害，为国除奸，在我和弟弟妹妹投身革命的关键时刻，你给了我们精神上的关心，物质上的支援。亲爱的妈妈别难过，别用泪水送儿离人间，二儿女不见妈妈两鬓白，但相信你看到我们举过的红旗飘扬在祖国的蓝天！"夏明翰是富有文学才华的革命者，在遗书中，他用"子规啼血"的典故来劝勉母亲节哀，并表达了革命必胜的坚定信念。20日，夏明翰被押送汉口的刑场时，留下了一首气壮山河的就义诗："砍头不要紧，只要主义真。杀了夏明翰，还有后来人。"

湖南省档案馆里保存着江诗咏烈士的遗书原件。1930年5月，他化装潜入益阳侦察时被捕，国民党想通过严刑来逼迫他写忏悔书，他却用敌人送来的纸笔写下两封家书，一封给父母，一封给兄长。江诗咏牺牲时年仅25岁。他牺牲后，家人在他的腰带上发现了这两封遗书。在信中，他说："男一生未做害人之事，加入共产党，是为了大多数工农无产阶级谋利益……大革命成功，最久总不过三六年。在（到）那时，大人有历史之先劳，嗣孙万世之安乐，男之（孝）就在此地也。两大人不要怙惜之爱而痛哭不休，致伤玉体，错过天伦之乐也。"在白色恐怖的黑夜里，他光明磊落地说自己是为无产阶级谋解放而死，心中无悔，表达了革命必胜的乐观主义精神。

王孝锡是中国共产党在甘肃领导革命的早期领导人之一，也是甘肃青年运动的先驱者之一，他善于用诗歌宣传和组织革命。1928年11月26日，王孝锡被捕入狱。12月29日就义前夕，他写下一首长诗，与父母诀别：

> 纵有垂天翼，难脱今夜险。问苍天，何不行方便。驭飞云，驾慧船，搬我直到日月边。取来烈火千万炬，这黑暗世界，化作尘烟。出铁笼，看满腔热血，洒遍地北天南。
>
> 一夕风波路三千，把家园骨肉齐抛闪。自古英雄多磨难，岂独我今然！望爹娘，休把儿挂念；养玉体，度残年，尚有一兄三弟，足供欢颜。儿去也，莫牵连！

用慷慨激昂的诗歌作最后的告别，天地英雄气，千秋尚凛然。

至情至亲难舍离

面对生死抉择，向爱人袒露内心最柔软的爱意，尤其令人感动。

1927年，时年31岁的黄竞西与陈延年一起在上海被捕就义。黄竞西是第一任中共丹阳独立支部书记、中共江苏省委创建者之一、江苏省委委员，他是商人出身，家境优渥。被关押在上海枫林桥监狱期间，他写了6封遗书。在写给妻子楚云的遗书中，他深情地用笔倾吐爱意："楚姊！我心爱的情人，不能再会你一面了，会时难过又不如不会了。死是一快乐事，尤其是为革命的。我在未死前，毫不畏惧，你们不要痛心。死者已矣，唯望生者努力。"他勉励妻子"千万不要哭，你弄坏身体小儿无人照应，我反不放心。我相信你一定可以依照我的遗言，一若我活在家中一样，那末（么）我在地下也可瞑目了"。关于遗体的处置，他更是表示了彻底的唯物主义精神："我（个）人的遗体随他在上海好了，革命的精神与尸骸同葬一处好了。"最后深情署名"你的爱弟　竞西在上海"。其柔情和赤胆迸发于笔端，读之令人潸然泪下。在狱中，黄竞西受尽酷刑却坚决不出卖同志。国民党当局于7月4日残忍地割去了他的舌头，后又将他装进麻袋扔入枫林桥下的河中，最终连遗骸都未留下。

杜永瘦在武汉时担任中共湖北军委秘书，后因省军委负责人叛变而被捕，于1928年3月英勇就义，年仅22岁。杜永瘦牺牲前两天给妻子写下遗书："文妹：这是最后的谈话了！我在写这封信的时候，我含着满眶的热泪，可是这宝贵的泪珠，我不愿意使他（它）夺眶而出，因为我觉得流泪是一件极可耻的事，所以我始终是含笑着，文妹！请你用笑来答复我吧！"他克制内心的痛，和妻子含笑永别："我含笑，我更望你含笑。我快乐，我愿你比我更快乐！文妹，欢忻（欣）鼓舞地来欢送我吧！"为了让妻子不过于悲伤，他写道："我不愿意你保存这一点墨迹，使你烦恼终身，我愿你如看浮云般的一眼便过。"鼓励妻子不要痴想着自己，而是要继续未尽的革命事业。最后，他气贯长虹地说："别了！明晨拍拍（啪啪）的枪声，是我们最后一刹那诀别的标志！听着吧！再见！"1928年7月22日，杜永瘦的妻子裴韵文曾撰写《杜永瘦的死》一文，后登载在1929年中国济难总会编辑的小册子《牺牲》上，文中透露了杜永瘦被捕前后的一些细节。这一小册子现存于武汉市革命博物馆。

夏明翰与湘绣女工郑家钧结婚时，谢觉哉等人曾写下"世上惟有家钧好，天下谁比明翰强"的对联，赠给他们作为新婚礼物。1928年3月，夏明翰在武汉阴暗潮湿的监狱里，异常想念自己的妻子和女儿，于是用半截铅笔给妻子写信："同志们曾说世上惟有家钧好，今日里才觉你是帼国贤。我一生无愁无泪无私念，你切莫悲悲凄凄泪涟涟。张眼望，这人世，几家夫妻偕老有百年。抛头颅、洒热血，明翰早已视等闲。红珠留着相思念（夏明翰曾赠与郑家钧一颗红珠，以寄相思——笔者注），赤云孤苦望成全（指夏明翰的女儿夏赤云——笔者注），坚持革命继吾志，誓将真理传人寰！"这封信感情深沉，胸怀不凡。为了表达对妻子的爱，夏明翰还用嘴唇沾着鲜血，在信纸上留下了一个深深的吻痕。

还有烈士在行刑前给妻子留下简短的遗书。1928 年 3 月 29 日，由于叛徒出卖，郭亮在岳阳被捕，次日被杀害于长沙，时年 28 岁。在就义前，他匆匆地给妻子写遗书："灿英吾爱：亮东奔西走，无家无国。我事毕矣，望善抚吾儿，以继余志！此嘱。"短短 28 字，似万箭穿心。

在亲情、爱情和革命事业、民族大义之间，这些革命者作出壮丽的人生选择。

子女抚育殷托付

没能抚育亲骨肉成人，是革命者终生的遗憾。在牺牲前夕，他们往往会想到自己的儿女，所以会在遗书中表达对孩子的激励。

1928 年夏，湖南的党组织遭到破坏后，陈觉、赵云霄夫妇继续留在长沙，负责各地的联络工作。同年 9 月，因叛徒告密，赵云霄外出送通知，返回时被国民党反动派逮捕。在狱中，她生下女儿启明。1929 年 3 月 24 日，赵云霄接到了死刑判决书，于是她给才出生一个半月的女儿写下了遗书。26 日，赵云霄给襁褓中的女儿最后一次哺乳，然后镇定从容地走向刑场，牺牲时年仅 23 岁。

在赵云霄给女儿的遗书中，她声声呼唤刚满月的女儿"启明我的小宝贝"，并说明给女儿取名"启明"的由来："启明是我们在牢中生了你的时候为你起的名字，这个名字是很有意义的。……小宝宝，我很明白的（地）告诉你，你的父母是个共产党员，且到俄国读过书。"她对女儿提出期望："希望你长大时好好的读书，且要知道你的父母是怎样死的。我的启明，我的宝宝，当我死的时候你还在牢中。……小明明，有你父亲在牢中给我的信及作品，你要好好的保存！小宝宝，你的母亲不能多说了。血泪而成。"谆谆教诲，大爱有言。这封遗书也是共产党人高尚气节的见证。

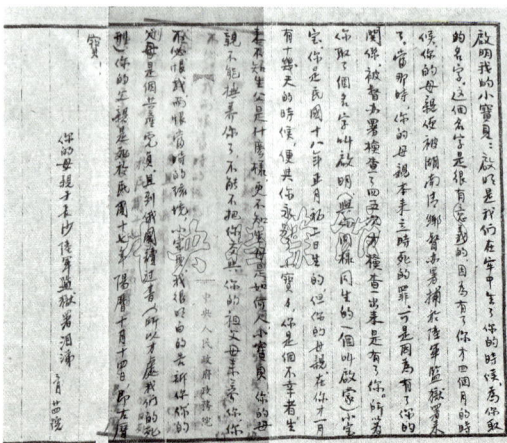

1929 年 3 月 24 日，赵云霄写给女儿的遗书（中央档案馆藏）

1931年"九一八"事变后，赵一曼奉命前往东北发动群众，建立农民游击队，配合抗日部队作战，后兼任东北人民革命军第三军第二团政治委员，率部活动于哈尔滨以东地区，给日伪以沉重的打击。赵一曼被捕后，1936年8月2日，被日军押往珠河县城游街示众。在去珠河的途中，她向日军要来纸笔，给儿子写下两封遗书，之后凛然就义，年仅31岁。在遗书中，赵一曼谆谆教导儿子："母亲对于你没有尽到教育的责任，实在是遗憾的事情。母亲因为坚决地做了反满抗日的斗争，今天已经到了牺牲的前夕了。母亲和你在生前永远没有再见的机会了。希望你，宁儿啊！赶快成人，来安慰你地下的母亲！我最亲爱的孩子啊！母亲不用千言万语来教育你，就用实行来教育你。在你长大成人之后，希望你不要忘记你的母亲是为国而牺牲的！"直到1957年，这封一直保存在日军审讯档案中的赵一曼遗书才重见天日。

在战争年代，因为工作需要，许多革命志士没有时间照顾自己的孩子，只好把儿女寄养在亲戚或者老百姓家里。

刘伯坚，四川平昌人，1919年冬赴法勤工俭学，1922年在法国加入中国共产党，回国后任西北军冯玉祥部总政治部主任。1934年10月，红军主力长征时，他被派遣到赣南根据地坚持斗争。1935年3月初，他在作战时负伤被俘，21日英勇就义，时年40岁。在狱中，他给兄嫂写信，交代三个孩子的抚养问题："弟为中国革命牺牲毫无遗恨，不久的将来，中国民族必能得到解放，弟的鲜血不是空流了的。虎、豹、熊三幼儿将来的教养，全赖诸兄嫂。豹儿在江西，今年阳历二月间寄养到江西瑞金武阳围的船户。……你们在今年内可派人去找，伙食费只能维持四五个月。熊儿生后一月即寄养福建连城属之新泉区芒溪乡黄荫胡家中，黄业中药铺，其弟已为革命牺牲，弟媳名满菊，扶养熊儿，称熊儿为子，爱如己出，因她无子。熊、豹两儿均请设法收回教养。诸幼儿在十八岁前可受学校教

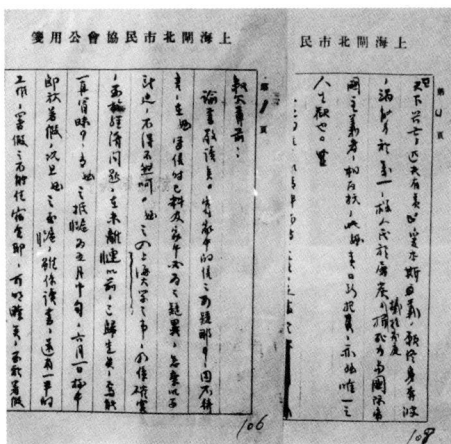

1935年3月，刘伯坚的遗书（中国革命博物馆藏）

育，十八岁后即入工厂作工为工人。"在信中，他写明豹、熊两子被江西老乡收养的地方，拜托兄嫂领回抚养，并在信中慷慨表明心迹："我为中国革命没有一文钱的私产，为着中国民族就为不了家和个人。诸兄嫂明达当能了解，不致说弟这一生穷苦，是没有用处。"这份遗书于1936年12月"西安事变"时，由刘伯坚夫人王叔振的嫂嫂凤笙送交给周恩来，原件现藏于中国革命博物馆。

还有一种遗书——自挽联，是先烈们在狱中悼念自己的抒怀文字。周炳文（1892—1931），1922年在安源煤矿加入中国共产党，1926年在家乡组建农民协会，"马日事变"后任中共湖南省委委员兼秘密机关负责人，1929年至1930年在武汉、湘阴等地从事党的地下工作，1931年3月被捕，5月英勇就义于长沙。1931年4月，周炳文在长沙司禁湾陆军监狱中自设灵堂，写下自挽联："肉躯壳无足轻重，但求身后有灵魂，死一时实生千古；鬼伎俩何等凶险，寄语党中诸巨子，鉴已往宜慎将来"，表达了对革命必胜的信心，体现了一名普通党员的伟大。

这些临别书信，不是闲暇时聊以遣兴的文字，也不是为了供人品读的作品，但却远高于一般意义上的作品。这些遗书表达的思想深度是许多其他作品无法替代的。

在这些书信里，只有真实——震撼人心的真实，找不到丝毫虚假、矫情。这些真实让我们知道，在并不遥远的过去，有这么一群人，为了中华民族的独立和复兴，奉献了自己的血肉之躯。每一封用鲜血写下的文字，都是共产党人不忘初心、牢记使命的真实体现，诠释共产党人无比坚定的革命信仰。

点燃暗夜中的火炬

——中共秘密印刷厂在上海

上海是中国近现代出版业的重镇，也是红色出版的起点。在车水马龙的闹市，于简陋的弄堂深处，中共地下印刷厂从无到有，在险恶形势下，先后搬迁了二十余次，相继印制了《向导》《布尔塞维克》《红旗》等多种党报和著作。这些报刊书籍犹如一柄柄火炬，将共产党的理论和主张传播到大江南北，播撒中国革命的火种和希望。

机构小，牌子大

从理论上说，出版包括编辑、印刷、发行三个基本环节。自晚清伊始，上海的现代出版业开始起步，逐步发展出以商务印书馆、中华书局为代表的一批近代出版企业。到 20 世纪二三十年代，上海有出版、印刷企业共一百余家，在国内独步一时。

中共领导的地下印刷厂不是社会化的机构，但其独秀一枝，印制报刊、书籍等，为中共思想传播提供重要载体支撑。上海是中国共产党的诞生地，也是早期共产主义宣传读物最重要的生产和传播基地。中共地下秘密印刷厂的传奇经历为近代上海的印刷出版事业留下了浓墨重彩的一笔。

一开始，共产党的杂志和宣传单大部分是委托私人印刷所制作的，再通过指定渠道或邮递的方式，将刊物专送各地，安全性难有保障。1921 年 9 月，李达创办了人民出版社，又兼编辑、校对、发行等工作，这是共产党最早的出版机构。1923 年中共三大后，中央局从广州迁回上海，为了扩大宣传，中共中央决定派罗章龙、徐白民、恽代英等组成出版委员会。同年 11 月，中共创立上海书店，第一次集出版、印刷、发行三合一，位于南市民国路振业里 11 号（今黄浦区人民路 1025 号），主要出版发行马列著作和革命书刊。选调在浙江一所中学担任教师的徐

上海书店遗址（振业里 11 号）旧照

白民来到上海主持书店的相关工作。1924年5月，中共中央出版部成立，作为上海书店的上级组织，由张伯简担任书记。上海书店不但承担了《新青年》《向导》等中共中央刊物的发行，还秘密印制和发行《前锋》《中国青年》等一大批进步杂志，以及《共产党宣言》《资本论入门》《社会主义概论（讲稿）》《社会运动史》等大量革命书籍。

1926年，军阀孙传芳的势力进入上海。2月3日，上海书店被淞沪警察厅以"印刷过激书报，词句不正，煽动工潮，妨害治安"为由而强制封闭。

1925年五卅运动前后，革命高潮迭起。开办地下印刷所，印刷秘密刊物和内部文件的要求被提上日程。经过努力，同年6月，地下党员倪忧天等人租下上海北火车站附近香山路（今象山路）一幢带有边厢房的石库门房子，办起了中共第一家地下印刷所——国华印刷所，印刷设备只有一部对开机、一部脚踏圆盘机、一副老五号宋体的铜模和三四号字头的铅字等。为防不测，倪忧天在房外特意挂上"崇文堂印务局"招牌并对外营业，将国华印刷所伪装成崇文堂的加工场。

1925年，正在广州农民运动讲习所学习的毛泽民奉命来沪，担任中共中央出版发行部经理，并兼所属公开业务机构上海书店的负责人。崇文堂印务局直属中央宣传部，由毛泽民、徐白民、徐梅坤三人领导，委派倪忧天和陈豪为正副负责人，堪称"机构小，牌子大"。

毛泽民

毛泽民化名杨杰，以印刷厂老板的身份为掩护，印刷、发行党的外宣刊物和内部文件。为了扩大印刷事业，必须招募一批员工，但这项工作十分特殊，需要素质极高且无比忠诚的人才能胜任。为此，毛泽民专门派人到老家韶山，挑选可靠的人员来担任印刷厂工人。中共韶山支部特地推荐了毛岗夫、毛远耀（毛泽东堂侄）等人来沪，配合毛泽民的工作。当时，担任上海书店经理的徐白民负责发行党的公开和半公开进步书刊，毛泽民则是党中央革命书刊秘密印刷发行的负责人，形成了"印刷、发行比翼齐飞"的良好局面。

同年10月，党员沈选庭送校样时意外受到外国巡捕"抄靶子"（搜身），稿件校样遗失。为了安全起见，国华印刷所不得不紧急转移到别处。至此，中共第一家印刷所只运行了几个月。

据统计，从1925年至1926年，中共中央印刷所合计搬了六次家，中兴路西会文路、闸北青云路青云桥塊广益里、租界泥城桥鸿祥里以及新闸路新康里都曾留下它的足迹。即便如此，地下印刷厂仍然发挥出强大的战斗力，先后承印了共产党和共青团的机关刊物，如《向导》《中国青年》《中国工人》《新青年》及其他一些临时性秘密文件，还印刷了蔡和森的《社会进化史》、布哈林的《共产主义ABC》、瞿秋白的《社会科学概论》以及恽代英、蒋光慈、陈望道、施存统等人的著作，又承印了全国各大进步书店发行的马列主义书刊，把革命思想播撒到民众中去。在技术上，还采用排出铅板压成纸型的办法，将纸型发到各地，以减轻印刷负担，又便于当地从速按样板翻印。

吊起脑袋干革命

1927年大革命失败后，上海的中共报刊出版几乎陷于停顿，毛泽民也随毛泽东参加秋收起义。为了重建党的宣传阵地，中央常委会于10月22日通过出版中央机关报的决议。报名定为《布尔塞维克》，由瞿秋白、罗亦农、邓中夏、王若飞、郑超麟等组成编委会，编辑部就设在上海愚园路亨昌里418号（今34号）。11月初，党中央急调毛泽民回沪，恢复党的出版发行工作。

毛泽民首先在派克路（今黄河路）秘密创立协盛印刷所，这是当时最大的秘密印刷机关，发行党内刊物《中央通讯》和党中央理论刊物《布尔塞维克》等。"明者因时而变，知者随事而制。"为了应对国民党、租界密探的严密搜捕，工友们随机应变，巧妙地给革命刊物装订上各种伪装封面，如《中国文化史》《中国古史考》《平民》等，有时还用国民党机关刊物《中央半月刊》做封面。为了排印中央的重要决议，协盛印刷所曾用《圣经》伪装：封面、内封及开头几页的正文全照《圣经》文字排。到后面，每排两行《圣经》文字，夹排一行或两行决议文字。这些红色"伪装书"体现了共产党人坚毅卓绝的斗争智慧，是共产党宣传史上的光辉篇章。

1928年12月，印刷所遇到开办以来最大的危险：巡捕房密探顺藤摸瓜，找到了印刷所的位置，将全体工人集中关押在一间屋子里，又在一家旅馆里扣住了毛泽民。得知毛泽民被捕后，周恩来立即组织力量进行营救，幸好当时毛泽民一口咬定自己只是一位普通商人，真实身份没有暴露，最终交了800银元的罚款，化解了这场危机。1929年，毛泽民、钱之光奉命前往天津重组地下印刷厂，上海的秘密印刷厂暂停运营。

钱之光是早期共产党员。1929年春，他从杭州转移到上海，党中央派熊瑾玎与钱之光接头。熊瑾玎时任中央机关总会计，他租下公共租界云南路447号（今黄浦区云南中路171—173号）作为六大后中央政治局机关办公地。为筹集经费和建立联络点，他以商人身份主持开设了酒店和钱庄，同曹子建经营了一个小洋货店，还加入一间大型布店为股东。这些经营收入都用作党的活动经费。熊瑾玎对钱之光说："你的工作，中央已经研

钱之光

究过，听说你对丝绸行业比较熟悉，现在正想在上海筹建一个丝绸厂，作为党中央的联络点，这个工作由你来负责。"钱之光接受任务后，经多方努力，不到半年，这个厂就建成了，向市场销售绸缎。熊瑾玎的爱人朱端绶常到这个秘密联络点取信。

1931年初，中央派遣毛泽民、钱之光回沪续办印刷厂。这期间，毛泽民向党组织请求后，通过地下交通员带信到长沙板仓，终于将毛泽东的三个儿子岸英、岸青、岸龙护送到上海寄养。毛泽民还招募了任弼时的胞妹任培星、何叔衡之女何实嗣、工运领袖张浩的女儿林肖硖等四五个人一起办厂。印刷厂的工人大部分是烈士后代、党的干部的亲属，有一部分是经过革命锤炼的党员、接近入党条件的可靠分子。

形势复杂险峻，绝对的秘密工作原则被视为共产党生存的基本条件。党内规定："秘密组织的纪律，不容任何轻忽而破坏，秘密机关的地址，绝对只准在工作上必须知道的党员知道。保存秘密文件的数量应当减到最少限度，绝对不容保存党员的名单和地址单，通信上必须用密码的方法。"印刷厂是隐秘之地，一旦暴露，搬迁极为不易。为此，印刷厂执行了更为严密的组织纪律：规定印刷厂人员不能和家人通信，也不能在厂外交朋友、谈恋爱和找对象，要断绝一切社会关系。更不能随意上街，不能到游乐场所，也不能参加集会、结社、游行和其他一些群众性的纪念活动。还

规定，外出执行任务要带自卫武器。所谓自卫武器，就是酒瓶、小铁器之类的东西。外出带着它们，一旦遇到叛徒和其他不测，可以用来抵挡一阵子。组织纪律还有一条，即外出执行任务一旦被暗探盯梢，就要设法甩掉，否则不能回厂。

回忆地下工作的经历，邓小平同志曾感慨："我们在上海做秘密工作，非常艰苦，那是吊起脑袋在干革命。我们没照过相，连电影院也没去过。"

杂货铺藏着"红色"秘密

经过一番辗转，1931 年，毛泽民、钱之光将印刷厂落户到齐物浦路元兴里（今周家嘴路 998 弄）的两幢楼房里。两幢房子紧紧挨在一起，都是上下两层，门牌号是 146—148 号。对外，两幢房子是毫无关系的两家，一边是秘密印刷厂，一边是一家绸布庄，其实是以开设绸布庄作为掩护。瞿云白负责印刷厂的对内工作，而钱之光改名为徐之先，表面上打理绸布庄，实则承担印刷厂的对外联系。对于印刷厂的选址，考虑得十分周到。印刷厂前面有个工厂，机器的轰鸣声正好掩护印刷厂机器的声音。另外，印刷厂的一边是一块空地，行人少，另一边是绸布庄，后面是稻田，很少有人注意这里发出的声响。

新中国成立后，钱之光在回忆录中写道："我那时化名徐之先，由毛泽民同志领导。我家住在绸布庄，以夫妻店的形式，经营批发各种绸缎布匹，以掩护印刷厂的内外活动。绸布庄里装有电铃开关，电铃安在印刷间。当外面有人进店铺时，就会按下电铃开关，印刷间的人听到电铃响，就会停止印刷，以免被人听见印刷机的声音。如有突发情况，他们也会根据约定的电铃暗号，通知印刷间采取紧急措施。"

通常，印刷所需纸张都是伪装成绸缎布匹运进绸布庄的，然后再送进印刷厂，印好的文件也是经过伪装后再从绸布庄运出去。印刷厂里住着瞿云白夫妇，房间陈设完全是平常居家的模样：一进房门是个小天井，往里走依次是客堂、后堂和灶间，这其中后堂就是作为印刷车间使用的。要强调的是，所谓印刷厂，最值钱的机器居然只有一台四开的脚踏印刷机。即便如此简陋，大家还是克服重重困难，为党印制了不少文件和报刊。

没过多久，钱之光就发现有个叛徒在印刷厂附近的爱尔考克路（今安国路）菜场转悠，党组织决定马上转移。相关人员先分散到几家旅馆，由钱之光再寻落脚点。1931 年 4 月，顾顺章叛变投敌，国民党根据他提供的线索在上海滩展开大搜捕，幸亏内线钱壮飞等人及时通报，党中央提前采取了隐蔽、转移等措施，身份暴露的毛泽民也紧急转移到香港，印刷厂改由左觉农、钱之光等人领导。钱之光很快看中了梅白克路（今新昌路 99 号）的一幢新式红砖三层楼房，房子位于繁华的闹市后面，外面有一道横拉开关的铁杆门，里面还是一道木板门。1931 年 7 月，钱

中共中央秘密印刷厂旧址（新昌路 99 号）

之光租到房子后，又加了一道铁栅栏。这三道门就如同三重保险，把印刷厂隐蔽得严严实实。二楼为住房，三楼作印刷、排字和装订车间，底层开了一间烟纸店，钱之光以老板身份作掩护。现在，新昌路 99 号的建筑是唯一完好保存的中央秘密印刷厂旧址，该处建筑被列入上海市一级保护文物。

　　钱之光之所以看上这幢房子，是因为不远处正在建造国际饭店，机器声、打夯声、号子声整天不绝，加上这里靠近繁华的南京路，交通四通八达，进退十分方便。印刷厂搬过来后，规模越做越大，人员也多了起来。谁都不会想到，共产党竟在繁华的市中心摆开这么大的阵仗。落户梅白克路的日子里，印刷厂添置了一台两相电动机，把脚踏印刷机改成半自动的电动印刷机，大大提高了工作效率。印刷厂大量翻印苏区的文件、文章，印制有关宣传形势、罢工斗争情况的传单，同时还印制《党的建设》《红旗周报》《布尔塞维克》《实话》等刊物。

　　地下印刷厂的平静岁月总是短暂的。1932 年夏，印刷厂又搬到麦特赫斯脱路（今泰兴路）386 号的三层楼房子里，这几乎是印刷厂存续时间最短的地方，原因是调试机器时，工作人员会到房子周围去测听机器声响，结果发现噪音很大，无法隐蔽。后来才得知，这幢房子是整体设计的钢筋混凝土结构，很容易传声，钱之光等人想尽办法来隔音，但效

果都不理想，无奈之下，只好放弃了这个地方。

下一个去处是武定路 181 弄 12—14 号的一幢西式洋房，房子质量很好，装饰也很讲究，况且印刷厂搬进豪宅，一般人不大会起疑心。可是，印刷厂运转了几个月，钱之光就发现新安排的交通员老是擅自行动，尤其是夜里常常外出，很晚才回来，不知道干些什么，让人很不放心。对地下工作者来说，擅自行动是绝对禁止的。为了避免意外，印刷厂不得不于 1932 年冬再度搬迁。

钱之光回忆，印刷厂是最难隐蔽的部门，因为隆隆的机器声很容易引起怀疑，一旦遭反动军警搜查，笨重的机器和大量印刷品也很难转移或隐藏，所以秘密印刷厂很难在一个地方存留较长时间。险恶复杂的环境中，转移印刷厂是很不容易的事，每次转移时，要先把印刷机和设备搬出来，放到党的地下转运站里寄存，再搬到新的地方，有时要在中途转停几个地方，才能搬到目的地。搬迁时，还得把印刷机拆散装箱，外面用草绳缠好，怕搬运时碰坏了机器，在木箱上再写上"某某商号收"的字样，用板车或其他办法运送。工人们将印刷品"隐形"在货物里，甚至藏在网篮、藤箱内带出。

1932 年冬，印刷厂搬到爱文义路（今北京西路）张家宅 73 弄 48 号。这段时间内，根据国内外形势以及苏区宣传需要，厂里印刷了党的文件和《红旗周报》《党的建设》《实话》《布尔塞维克》等机关刊物，还配合上海的工人斗争而印刷了宣传册和传单等。1933 年春夏之交，考虑到钱之光等人在上海时间较长，熟人太多，容易暴露，党组织将钱之光等人转移到中央苏区。

此后，沪东区东百老汇路（今东大名路）1180 号、虹口区东有恒路（今东余杭路）2048 号、汇山路（今霍山路）289 弄 43—45 号都曾建立过地下印刷厂。1935 年 2 月，中共上海中央局和江苏省委领导的中央印刷厂的总负责人于益之被捕，印刷厂遭到破坏。后来，中央印刷厂在中央苏区、延安等地重建。值得一提的是，其出版、印刷、发行技术几乎都是由上海输送的技术人员承担的。

1925—1935 年，上海、武汉、广州和天津等地都曾设立中共地下印刷厂，以上海存续时间最长。中共地下印刷厂曾多次遇险，但总是不辱使命。散落在上海的印刷厂旧址、遗址镌刻着这座城市的革命印迹。

一张生日照片背后的跨国文缘

——鲁迅与史沫特莱的革命情谊

1930 年 9 月 25 日，史沫特莱为鲁迅拍摄的生日纪念照

一张生日纪念照片

　　出生于美国密苏里州的史沫特莱，是一位著名记者、作家和社会活动家。1928 年底，38 岁的史沫特莱辞去了德国柏林大学的英文教职。次年，她以《法兰克福日报》特派记者的身份抵达上海。一次偶然的机会，史沫特莱知道了被誉为"中国高尔基"的鲁迅，对他产生了强烈的兴趣。

　　按照西方的礼仪，史沫特莱先给鲁迅写信请求会见。据《鲁迅日记》记载，1929 年 12 月 25 日"上午得史沫特列女士信，午后复"。得到同意后，27 日，史沫特莱在《世界月刊》编辑董绍明、蔡咏裳夫妇的陪同下，走进景云里的一幢楼房，轻轻叩响了鲁迅的家门。阳光斜照着二楼书房，鲁迅坐在靠窗的藤椅上与史沫特莱聊了起来。两人惊喜地发现，彼此都懂德语。第一次相见，语言的相通瞬间拉近了两人的距离，相互没有生分之感。

　　那时的国内，一场文学论争刚刚平息不久，文坛仍然弥漫着火药味，许多人士对鲁迅尚存有偏见。这时，史沫特莱却以一个记者兼革命者所特

史沫特莱旧居（上海市重庆南路 185 号）

有的敏锐来拜访鲁迅。自此，他们经常书信往来，史沫特莱还先后由苏联塔斯社驻沪记者乐芬、美国记者斯诺等陪同，拜访鲁迅。1930 年 2 月 10 日《鲁迅日记》记载："下午董绍明来，并赠《世界月刊》五本，且持来 Agnes Smedley 所赠《Eine frau Allein》一本。"这就是史沫特莱托董绍明代为转交给鲁迅的她的自传小说《大地的女儿》的德文本。这本德文本《大地的女儿》现藏北京鲁迅博物馆，扉页上有史沫特莱的亲笔英文题字："赠给鲁迅，对他为了一个新的社会而生活和工作表示敬佩。"下面署名是"艾格尼丝·史沫特莱。一九三〇年二月二日于上海。"

应鲁迅之约，1930 年 3 月，史沫特莱开始为创刊不久的由鲁迅主编的《萌芽月刊》撰稿。5 月 1 日出版的《萌芽月刊》第一卷第五期刊登了史沫特莱所写的《中国农村生活片断》。可惜，该期出版后，《萌芽月刊》即被当局禁刊。五天后，鲁迅在为周建人的《进化与退化》所作的小引中还特别援引该文的两段话，来论述改造社会与改造自然之间的辩证关系，足见鲁迅对她的文章之重视。

《萌芽月刊》第一卷第五期刊登了史沫特莱的《中国农村生活断片》一文

1930 年 9 月，史沫特莱突然接到一个请求，请她租一家外国餐室。原来，9 月 25 日是鲁迅的五十寿辰（按农历虚岁计算），冯雪峰、冯乃超、柔石等左联人士想举行一场庆祝鲁迅五十诞辰的招待会和晚宴。但怎样租用合适的场地，令大家一筹莫展。史沫特莱富有革命经验，她颇费周折地预订了法租界吕班路（今重庆南路）口靠近法国公园（今复兴公园）的一家荷兰人开的印尼餐馆。为防止特务破坏，生日纪念会提前几天秘密举行。17日，史沫特莱和董绍明、蔡咏裳夫妇，还有两位左联的工作人员负责安全保卫。宴会开始前，在路口还安排了岗哨，又有几个人充当暗哨，守卫在餐馆的花园门口。

下午三四点钟，鲁迅携家人到达后，史沫特莱请鲁迅坐在餐馆外一块草坪的藤椅上，按下相机快门，为鲁迅拍了一张生日纪念照。她还将事先选购的一幅白绸子衣料作为生日礼物送给鲁迅。暮色降临时，半数来客参加了晚宴和晚间的纪念会。据当年参加这次纪念会的冯雪峰回忆："十七日事是由几个人提起，即请史沫特莱去与荷兰人开的一个高级菜馆联系，每人自带四元钱，参加的人是事前联系好的，人不多，没有什么仪式，只请鲁迅先生坐在草坪上照了一个相。"

参加完祝贺鲁迅五十寿辰聚会后，史沫特莱思绪澎湃，写下了自己的观感："鲁迅……他矮小而羸弱，穿一身米黄色丝绸长衫，一双中国软底布鞋。他没有戴帽子，剪得短短的黑头发像一把刷子，面孔的轮廓是最常见的中国人的模样，然而在我的记忆中，却是我一生仅见的表情最为丰富的面孔，不断流溢着智慧和机警的生动光辉。他的风度、谈吐和每一举手投足，都辐射出一种完美人格的魅力。我突然觉得自己像个傻瓜似的笨拙而粗鲁。"[①]

事后，史沫特莱将鲁迅坐在餐馆藤椅上的这张照片发表在美国《新群众》杂志上，照片旁有一段文字介绍："鲁迅——中国最伟大的短篇小说家，全中国左翼作家联盟的领袖，摄于他五十诞辰之日，他还积极参加自由大同盟的左翼文化团体。"这是较早将鲁迅推介到美国的文字和照片。

共产党的"党外联络员"

1930年底，史沫特莱拟去菲律宾休息几个星期。启程前夕，鲁迅带领柔石等三人第一次登门拜访史沫特莱，为她饯行。1931年3月，史沫特莱刚从菲律宾回到上海，就听到左联五个青年作家遇害的消息，其中就有参加鲁迅生日纪念会的柔石、冯铿、李求实等人。她赶到鲁迅家里，只见先生面色灰暗，两颊深陷，几天没刮胡须。

史沫特莱描绘当时的场景："鲁迅的两眼闪着激愤的火光。他的声音里充满着一种可怕的仇恨。"鲁迅把刚写好的《黑暗中国的文艺界的

①

史沫特莱：《中国的战歌》，江枫译，北京：作家出版社，1986年：第88—89页。

现状》一文交给她，请她翻译成英文寄到国外去发表。史沫特莱善意地提醒："如果发表出来，你会被人杀害的。"鲁迅严肃地回答："这有什么关系？总得必须有人出来说话呀。"就在她离开之前，鲁迅又和她一起草拟了一份宣言，向外国的文化界公布国民党当局屠杀中国作家和艺术家的血腥罪行。这份宣言经沈雁冰（茅盾）作了一些修改，并帮助译成英文，刊登在当年六月的美国《新群众》杂志上，题名为《中国作家致全世界书》。随后，该文传播到柏林、莫斯科等地。由于这篇宣言的发表，激起了外国文化界人士对国民党当局的强烈抗议，扩大了这一事件的国际影响力。鲁迅也由此成了史沫特莱平生最敬重的师长之一。

1932年一·二八事变时，日军对上海狂轰滥炸，使上海陷入一片战乱之中。一天传来消息，日军的炸弹投到了鲁迅居住的那片区域。史沫特莱让一个美国同行想办法搞来一张军事通行证，乘着同行的采访车，手举通行证，闯过日军的重重防线，冒着危险赶往鲁迅家。"我一边猛力敲门，一边用英语和德语喊叫，但是没有人应声。许多被困在家里的中国人，拒绝回答任何人的询问，有些已经饿死，当时无法开门……"几年后在《中国的战歌》一书中，她写下当时的情景，表达了对鲁迅安危的担忧。直到停战之后，她方知鲁迅一家被日本朋友内山完造救出去藏了起来，逃过了此次劫难。

追随鲁迅使史沫特莱迅速融入了中国左翼文化阵营。她和左联成员们一起向国外介绍中国的进步作家，把遭受迫害的作家和艺术家秘密护送出上海。其实，1930年3月中国左翼作家联盟成立后，史沫特莱就全力向印度和西方介绍和宣传左翼作家的作品了。这些工作也促进了她自身的成长。史沫特莱刚到中国时，对中国的真实情况所知甚少，因为得到鲁迅、沈雁冰、丁玲等作家的帮助，使她在很短的时间内就对中国有了深刻理解。她将在中国的见闻写成《中国的命运》（1933年）和《中国红军在前进》（1934年），第一次用英文向世界介绍中华苏维埃共和国的相关情况。

史沫特莱不仅是一位记者和作家，实际上她有着共产国际的背景。在德国柏林期间，她就参与了印度的民族解放运动。在中国，她也投入了政治活动之中。

1933 年，美国人马海德取得日内瓦医科大学医学博士学位后，为了考察当时东方流行的热带病，他和两个同学一起来到中国上海。这时，他结识了宋庆龄、史沫特莱、路易·艾黎等人。在他们的影响下，马海德留在了中国。据马海德的回忆，在上海时期，史沫特莱参与的活动很多。她曾告诉马海德哪些天必须让诊所停业，把那里的大小钥匙交给她。有几次，史沫特莱让马海德走过几户人家的屋顶，避开经常守在她寓所门口的特务，将一些信件送到某某地方。有时，她又让马海德开车把一些中国同志送到停泊在上海的苏联轮船上。1936 年春末，中共中央想邀请一位外国记者和一名外国医生去陕北，实地考察和了解中国共产党的抗日主张。经宋庆龄推荐，埃德加·斯诺和马海德顺利前往陕北。

史沫特莱家有时会住着一些中共党员。她把许多外国朋友组织起来，去做各种各样的工作，让其中的一些人把装有小型武器和弹药的木箱送到不同地点，而这些外国朋友甚至不知道木箱里装的是什么。

连接两位"双子星"

1931 年 6 月 15 日，共产国际远东局情报人员牛兰夫妇在上海公共租界遭巡捕逮捕。8 月初，公共租界当局将牛兰夫妇引渡给国民党当局。这是事关共产主义运动的大事。几天后，一封英文信件寄到宋庆龄寓所。这信正是史沫特莱写来的，请求给她 5 分钟的谈话时间。早在 1928 年 11 月，史沫特莱在奔赴中国途中，在莫斯科遇见了正在苏联访问的宋庆龄——那是两人的第一次相见。几天后，史沫特莱见到宋庆龄，她请求孙夫人牵头成立"牛兰夫妇营救委员会"，宋庆龄爽快地答应了。

史沫特莱也来到鲁迅家里，请先生加入营救委员会，鲁迅答应了。几个月后，由宋庆龄出面召集会议，"牛兰夫妇营救委员会"宣告成立，32 名委员中有鲁迅、史沫特莱、蔡元培、杨杏佛、斯诺和伊罗生等人。宋庆龄和鲁迅同在上海，同是左翼阵营的领袖，然而 1931 年以前，他们两人从未见过面。史沫特莱的牵线为两人架设了一座桥梁。从此，宋庆龄和鲁迅一直并肩合力地奋战。

1932 年 12 月，为了反对国民党政府对进步人士的迫害，援助革命力量，宋庆龄和蔡元培等人在上海发起组织"中国民权保障同盟"。蔡元培是鲁迅的师辈，他邀请鲁迅参加。鲁迅和宋庆龄一起以"中国民权保障同盟"的名义，积极营救了被国民党当局逮捕入狱的廖承志、陈赓等人。1933年，两人一起欢迎英国进步作家萧伯纳访华，并在宋庆龄寓所前合影。鲁迅还和宋庆龄一道参加了苏联领事馆庆祝十月革命胜利18周年的活动，其间，鲁迅一句"我们中国现在有数以千计的夏伯阳正在斗争"的答辞，令宋庆龄终生难忘。

1977年8月，宋庆龄在《追忆鲁迅先生》一文中忆及当年一起携手战斗的经历。她说："鲁迅住在上海虹口区，处境困难，因为那里有很多国民党反动派的特务和警察监视。中国民权保障同盟每次开会时，鲁迅和蔡元培二位都按时到会。鲁迅、蔡元培和我们一起热烈讨论如何反对白色恐怖，以及如何营救关押的政治犯和被捕的革命学生们，并为他们提供法律的辩护及其他援助……"

一封发往延安的电报

《鲁迅日记》记载，1931年4月7日，鲁迅拜托史沫特莱寄给"珂勒惠支一百马克，买版画"。鲁迅收藏的不少珂勒惠支的作品就是这样逐步收集起来的。1936年，鲁迅自费出版了《凯绥·珂勒惠支版画选集》，第一次向国内介绍德国女版画家凯绥·珂勒惠支表现工人阶级疾苦的版画选集，并请史沫特莱写了序言。鲁迅高兴地说："自以为这请得非常合适，因为她们俩（指史沫特莱和珂勒惠支）原极熟识的。"这本版画的出版，可以说是鲁迅逝世之前他们两个人革命战斗友谊的最后一个成果。这本画集于1956年再版，至今仍是最重要的一本中文版画集。据路易·艾黎回忆："在上海的那些日子里，她和鲁迅一直保持着密切的关系，他们曾为出版凯绥·珂勒惠支的一个作品一道工作。这项工作的完成使她十分高兴而且感到自豪。"史沫特莱曾送给路易·艾黎一册，为了妥善保存，路易·艾黎将它寄到了新西兰。一直到20世纪60年代，路易·艾黎才又把它找回来，送给了浙江绍兴的鲁迅博物馆。

史沫特莱被鲁迅的人格魅力和深邃的思想深深折服了，她这样介绍鲁迅："在所有的中国作家中……他的政论性杂文兼有中国和西方的丰富文化渊源，糅合在精致有如蚀刻版画的风格之中。"并说"激励着我的精神力量的鲁迅，已成为我人生的路标"。

1936 年 3 月，史沫特莱从一份《国际新闻》中读到了中国红一方面军北渡黄河，即将完成东征的消息。她立刻告知鲁迅，并建议鲁迅给红军发电报祝贺。由此，便有了著名的鲁迅、沈雁冰联名致中国工农红军的贺电。后来，沈雁冰回忆自己并没有起草电文。据此推测，该电文应是史沫特莱起草，鲁迅审定的。该贺电犹如火石般的预言"你们的勇敢的斗争，你们的伟大胜利，是中华民族解放史上最光荣的一页！全国民众期待你们的更大胜利。"此电在中共西北中央局机关报《斗争》上刊出，历来被视为中共历史上的重要文献之一。

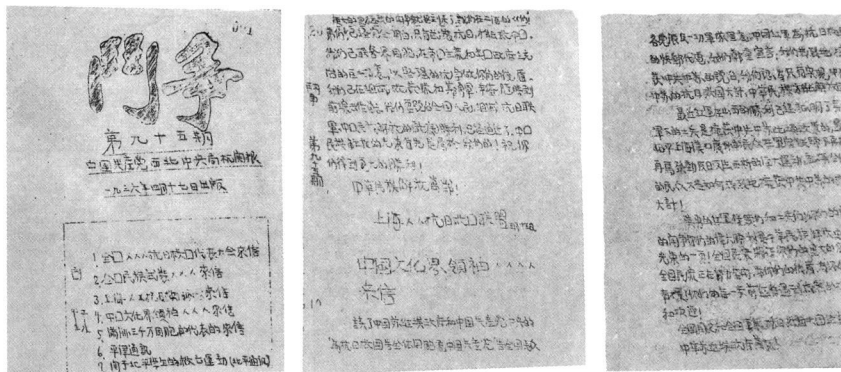

1936 年 4 月 17 日，中共西北局《斗争》第 95 期刊登了《中国文化界领袖××××来信》一文

以后，鲁迅又诚挚地表达了对共产党人的敬仰："那切切实实，足踏在地上，为着现在中国人的生存而流血奋斗者，我得引以为同志，是目以为光荣的。"鲁迅和史沫特莱对中国共产党领导的革命斗争事业，是视为同道的。

在鲁迅生病期间，史沫特莱情急之下，流泪恳求鲁迅试试出国住院疗养，并通过苏联驻沪领事将一切事务安排妥当，但鲁迅坚决地拒绝了。先生说："不能每个人都走开，总得有人起来战斗。"1936 年 10 月，在西安的史沫特莱得知鲁迅先生与世长辞的噩耗，一时无语凝噎。她深情地说，鲁迅先生的去世"不只是一件引我个人悲哀的事，而且也是一个民族的不幸"。在鲁迅先生治丧委员会的十三人名单中，有两位女性委员——宋庆龄和史沫特莱，有两名外国友人——内山完造和史沫特莱。当时，尽管史沫特莱远在西安，鲁迅先生治丧委员会还是把她的名字列入治丧委员之一。史沫特莱曾这样追忆鲁迅对自己的影响："鲁迅成为我在中国生活的所有年代里一个最有影响的因素的人"，"我曾以为能做他的朋友而感到荣幸"。

当时，许多人把鲁迅比喻成中国的伏尔泰、中国的高尔基，而史沫特莱独具卓识，肯定鲁迅"是一个伟大的文学宗匠"，是"与伏尔泰、高尔基等并驾齐驱的世界性人物"。正是史沫特莱的推介，才让西方世界较早地知晓鲁迅先生及其文学作品的世界性价值。

红色大动脉——上海到苏区的秘密交通线

打通秘密交通线

土地革命战争时期，党内秘密交通线是一条特殊战线，担负着传递党的各级组织之间互相往来文件、护送党的干部、运送特别物资和经费等重要任务。其中，有一条连接上海中共中央和江西苏区中央局的秘密交通线，发挥了巨大作用，被誉为"红色大动脉"。

1930年春夏，中共在各地农村创建的革命根据地不断发展壮大，10月中旬，中共中央决定在毛泽东、朱德领导的江西革命根据地成立苏区中央局，"以统一各苏区之党的领导"。随着形势的发展，位于上海的中共中央同赣西南的苏区中央局之间，需要有一条安全畅通的信息通道。1930年7月中共中央军委在上海设立交通总站，同年10月，将交通总站改组为中央交通局。由周恩来、向忠发、李立三、余泽鸿和吴德峰组成委员会，指定吴德峰任交通局局长，"主要任务是打通苏区的交通线，布置严密而安全的全国交通网"。

10月24日，中共中央政治局在上海制定一份绝密文件《关于苏维埃区域目前工作计划》，要求各苏区尽快建立交通线。"中央苏区与其他苏区的联系必须尽可能以最快速度打通，这首先需要在整个苏区附近的敌人统治的交通要道上完全建立起交通来。要使苏区的交通网与我们在敌人统治区域的军事交通网能完全衔接起来。"[①]

①

中央档案馆编:《中共中央文件选集》(第6册)，北京:中共中央党校出版社，1983年:第458页。

中共中央第一座无线电台遗址

当时，上海的中共中央和中央苏区江西瑞金之间已有内部电台联系。1929年10月底，在上海大西路福康里9号（今延安西路396号附近）一幢三层楼房内，由李强、张沈川等人历经一年的摸索，购买无线电器材安装试验，终于制成一部50瓦的电台，这是党的第一座秘密电台。后来在上海慕尔鸣路（今茂名北路）设立了党中央电台，这是中央传送情报的电台。从这里发出的电波可以传送到全国各地的革命根据地和共产国际。但是，电台可以传递信息，却无法运送物资。

为了封锁中央苏区，国民党福建省政府制定了《闽省封锁推进办法》，规定靠近苏区的漳平、南靖、平和、华安、永安、宁洋、德化等28个周边县为封锁区域，并设闽江、漳江、汀江水道督察处，对食盐、火油实行公卖，采取官督商办。该办法规定，居民每人每天以4钱（旧制1斤=16两，1两=10钱）食盐为限，且一次不得购买超过5天的用量，违者以"赤化""通匪"罪论处。在严密的封锁下，当时拥有450多万人口的中央苏区，食盐、洋油、布匹、火柴等重要民生用品纷纷告急，药品、医疗物资奇缺，导致物价飞涨。长汀县相对繁荣，一块银元可以买到30多斤猪肉，却只能买到2两食盐。而苏区盛产的土纸、杉木、烟丝等卖不出去，导致许多手工业者失业。因此，必须要打通一条上海到瑞金根据地的交通线，让苏区有充足的物资供应。

交通局成立后，在周恩来的指示下，从各省调来精兵强将，集中三个月的时间，打通长江、北方、南方三条交通线。交通局下设3个交通总站：华南交通总站，站长饶卫华；华北交通总站，站长周仲英；长江交通总站，站长贺诚。

但是，北方、长江两条交通线很快就遭到破坏，只有南方交通线一直发挥作用。南方交通线于1930年10月中下旬打通，长达3000余公里，途经上海、香港、汕头、潮安、大埔、长汀、瑞金等地，成为连接党中央和中央苏区的"中央交通线"。

上海到瑞金的这条长达数千里的红色地下秘密交通线，每一个交通站点都设有几条备用线，以防某站点出现叛徒而导致中途阻塞。1930年10月5日，党中央在汕头另设一个交通站，当党内有重要领导人要到苏区时，必须由中央审定批

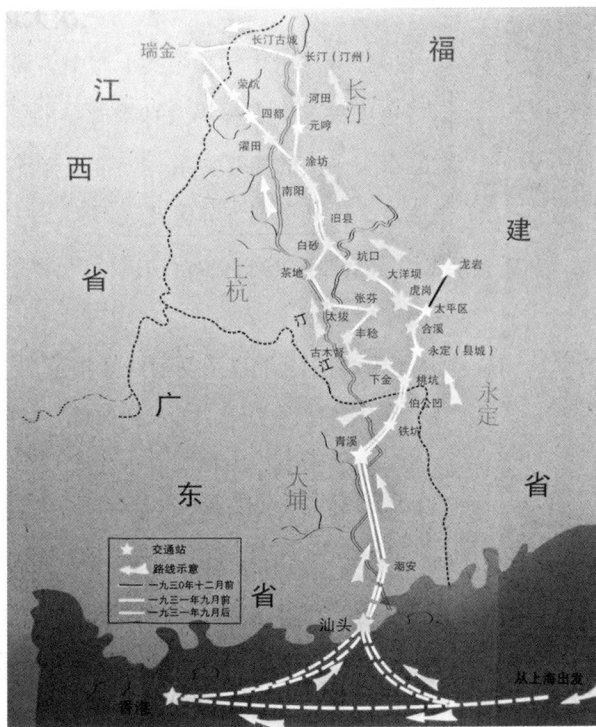

1930—1931年间上海-香港-汕头-大埔-永定-长汀-瑞金的红色秘密交通线路图

准才允许启用，平常则负责提供苏区紧缺物资的采购、转送等任务。汕头交通站一直以"中法药行"汕头分号的招牌对外营业。

后来经周恩来提议，又秘密设立"华富电料公司"，只有周恩来和吴德峰知晓。时任汕头交通站交通员的顾玉良曾在20世纪80年代回忆说："华富电料公司是中共中央创办的一家公司，主要以采购苏区紧缺物资为目的，利用公司的名义对外做掩护，经营方式是批发不零售，价格也提得比相应的货要高出许多，导致许多顾客望而生畏。有意不外卖，这是保障苏区物资供给的一个绝招。""华富电料公司"与"中法药行"汕头分号的交通员互不联络，均由党中央单线领导。

1931年4月，时任中共中央政治局候补委员、中央特科主要负责人的顾顺章叛变。情况紧急，汕头绝密交通站在关键时刻发挥了巨大作用，因顾顺章知道"中法药行"汕头分号的机密，这个绝密交通站很快停止使用。而"华富电料公司"是顾顺章不掌握的，因此得以正常运转。周恩来的"先知先觉"确实令人佩服。

三次大运输

1931年3月中旬，中共上海中央局就"建立交通关系及报告制度"致信红色中央苏区中央局及鄂豫皖、湘鄂西各苏区，信中写道："苏维埃区域红军与中央的相互关系……希望与各苏区建经常交通关系及交通站，以便输送工作人员到各苏区及红军去，以便通知中国时局形势及我们任务的规定，以便通知反革命营垒内情况，以便通知国际革命运动特别是关于苏联国家情形等等。"

上海到瑞金的秘密交通线承担了如下几大功能。

其一，传递文件、指示和信件。这对中央了解各苏区的实际情况和正确决策起了重大作用，同时也对全国各苏区交流经验发挥了重大作用。据中共中央秘书处1929年统计，经上海到瑞金的秘密交通线送往各地的文件5523件，收到各省交通员送来的文件4687件。仅1929年5月至12月，通过外交科送给共产国际的中共中央文件就达570余件，也为共产国际最高领导层了解中共党内情况提供了准确的第一手资料。

其二，输送大批经费和物资。通过这些秘密交通线向苏区输送大批物资，包括军用器材、电讯设备、印刷器材、纸张、食盐、布匹、医药用品、医疗器械等，对支持苏区的革命斗争起了重大作用。同时，将中央苏区在斗争中缴获的黄金、白银、现钞交给党中央。1931年，吴德峰曾到苏区提款20万元回上海。当年夏季，聂荣臻在漳州交给曾昌明和肖桂昌价值约5000元的金条，让他俩带回上海中央局。

在封锁线上，还转由香港采购一些重要物资。1931年11月，中华苏维埃共和国临时中央政府成立后，将闽西工农银行与江西工农银行合并成立国家银行，需要大批印刷发行苏区纸币。交通员带着光洋，从苏区通过秘密交通线奔赴香港，分别叫十几个人分开去买，才凑齐10令印钞纸，迅速转运进苏区。

交通站还组织运输队，一旦有从上海、香港、汕头运来的药品、武器、布匹、无线电器材等各类物资运到，交通站立即联络各个党组织，发动农民、妇女，装作挑粪下田或上山割草，将物资藏在粪桶或草捆中，巧妙地越过国民党的封锁线，一站接一站，护送到苏区。每次都是晚上七八点钟启程，天亮之前回来。

其三，护送、转移大批干部到中央苏区参加反"围剿"和长征。中共中央往中央苏区和红军中输送干部，较大规模的主要有三次。

第一次是1930年冬至1931年1月。那时，革命形势很好，中共在南方各省开辟了多块革命根据地。为了巩固、壮大革命根据地和红军力量，党中央决定抽调一批干部到苏区加强领导，计100余人。其中有从苏联留学回国的几十人，如叶剑英、任弼时、项英、王稼祥、徐特立、欧阳钦、张爱萍、萧劲光、李卓然、王观澜、李伯钊、危拱之、邓发等。

第二次是1931年2月至1933年1月。因顾顺章和向忠发于1931年4月、6月相继被捕叛变，中共在上海的党中央地下机关受到严重威胁，共产国际指示，选派60%白区工作的干部撤到苏区。随后，邓小平、王首道、李德生、李克农、胡底、钱壮飞、刘少文、潘汉年、毛泽民、李富春、周恩来、邓颖超、何叔衡、刘伯承、聂荣臻、陆定一、伍修权、陈云等200余人相继进入中央苏区。这一大批党的精英进入苏区后，在党的政权建设和军事建设等方面发挥了巨大作用。

因顾顺章叛变，周恩来在上海坐镇指挥中央特科人员紧急转移被暴露的地下机关，后于1931年12月上旬撤往苏区。护送他离开上海的是中央交通局的交通员肖桂昌和邱延林。为此，周恩来蓄须数月，撤退时他留着寸把长的胡须，头戴鸭舌帽，一副洋厂工人的装束。整个行程路线是从上海乘小轮船直抵汕头，而后乘小火车至潮州，当日再乘船到大埔，化装成牧师，戴着眼镜，换乘轮船往青溪，再趁夜通过敌人封锁线，进入闽西，终于在12月25日到达瑞金。当日，一封电报传到上海党中央："一路顺风，'伍豪'平安到达'娘家'。"历经20多天的艰辛路程，周恩来结束了从上海到闽西再到赣南中央苏区的艰险的转移之旅。

《聂荣臻回忆录》曾回顾这段征途："我们和秘密交通站接上头以后，一切行动都听向导的，走了四五天（每天只走三四十里）因为都是在白区，要通过敌人的封锁线，又经常要赶到可靠的投宿地点，有时不得不赶路，有时不得不停下来等待时机，每个人都准备了一套对付敌人盘查的说辞，幸好许多难关都被我们闯过去了。"

第三次是1933年1月至1934年10月。1933年1月，中共临时中央由上海迁入中央革命根据地瑞金，有钱希均、陈威明（又名沙可夫）、吴亮平、钱之光、杨尚昆、张闻天、瞿秋白等40余名党的高级干部进入中央苏区，此外还有兵工厂、制弹厂、造布厂、印刷厂的大批技术工人进入苏区。

从上海至中央苏区的秘密交通线，除码头、车站等须检查，会遭遇危险外，关键是大埔至永定这段白区与红区交界处，国民党有重兵驻守，地方反动民团会对本地的路段巡逻监控，还有叛徒特务在暗处监探，所以必须绕道走高山密林，想方设法地通过国民党严密封锁的区域。白天不能走路，晚上天暗后才敢行动，露宿在山林、草寮中，夏天蚊虫叮咬，

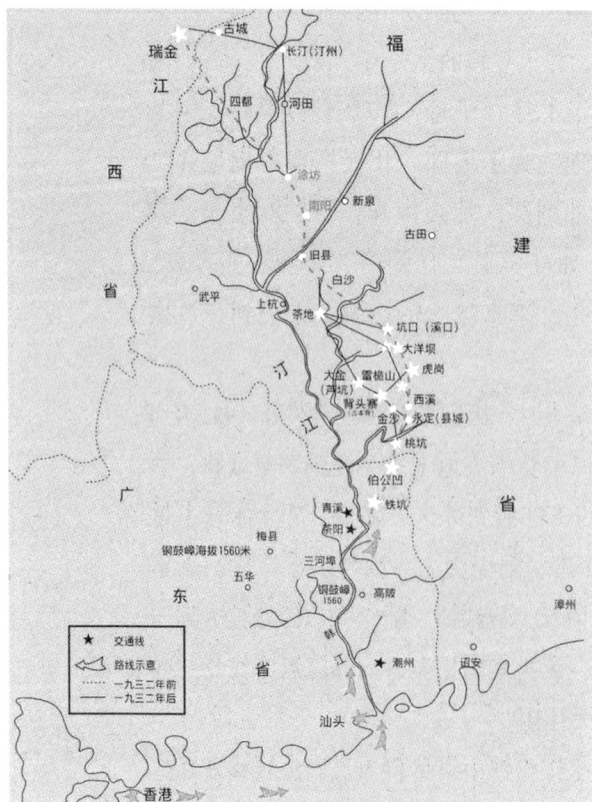

1932年前后，上海至瑞金的秘密交通线路图

冬天严寒风雪，而且时常会遇上毒蛇、老虎等。然而，武装交通员和执行科的同志毫不畏惧，机智勇敢地面对。在他们心中，完成交通任务的使命大于天。

严守机密的交通员

吴德峰对各线路的交通网络、人员配备安排妥当后，随即制定了关于交通线的《秘密工作条例》，明确规定：一是不允许发生任何"横向关系"；二是机关（同志们住所）所在地，只允许上级了解下级的，下级不允许了解上级的、隔级的和兄弟机关的；三是党内不该了解的人和事不问，不该看的文件不看，未经允许不得传布自己所了解的事；四是坚守岗位，不允许到群众斗争场合，不允许照相；五是写过的复写纸、印过的蜡纸和有机密文字的纸屑要及时烧掉。所有机密必须坚决做到上不传父母、下不传儿女。

在险恶的环境下，秘密交通线上形成了一套复杂有效的秘密工作方式。交通员之间只能单线联系，彼此没有往来的交通员之间一般都互不认识，即便是站长也不一定认识全线的交通员。交通点的安排也是费尽心思，家庭、店铺、学校、祠堂等都有可能是交通点。

南方交通线横越沪、港、汕三大城市，绵亘闽粤赣三省高山密林。执行任务的过程需要突破各个封锁线，闯过军警的盘查和暗探的追踪，避开反动民团，严防叛徒等，对交通员来说是极大的挑战。这条红色交通线是广大交通员们用双脚踩出来的、用血汗浇筑起来的。当时，交通员都是经过严格挑选的共产党员。交通员的选定要遵守几条原则：第一，党龄要长，政治上坚定可靠；第二，有丰富的对敌斗争经验，机警灵活，枪法要准；第三，身体健壮，能够胜任长途跋涉；第四，要有一定文化，记忆力要强。为减少风险，当时许多文件、情报的传递为"无纸化"，往往要求交通员将传送的文件全部背记下来。

除此之外，交通员还必须与各色人等打成一片，懂得当地"行话"，以便混入人群之中而不容易被人察觉。在每次行动之前，他们都要准备好一些能自圆其说的"托词"，通晓各种隐藏文件、金钱和重要物资的技巧。还有一个特殊的要求，就是不能说梦话，怕泄露秘密。同时采用各种办法，争取、团结一切可以为我所用的力量，包括革命的同情者、同路人，甚至是国民党特务、帮派组织的成员、交际花等三教九流的人物。在关键时候，各种各样的关系都有可能帮助秘密交通线发挥作用。

1934年10月，中央红军被迫开始了长征。红军离开之际，中央曾向沿线的各个交通站发出撤离指示。接到指示之后，不少交通员加入长征队伍，留下来的交通员则随着交通站和接头户的暴露，大多被国民党当局逮捕，很多交通员英勇献身，堪称中国革命史上的无名英雄。1935年前后，这条重要的红色交通线最终在国民党的摧毁下被迫中断。

新中国成立后，担任中央办公厅副主任、国家档案局局长的曾三同志曾说："红色交通线是交通员用双脚踩出来的，用血汗浇灌出来的。战斗在这条秘密交通线上的广大交通员和革命群众，不为名不为利，勤勤恳恳、百折不挠，做出了特殊的贡献。他们置生死于度外，革命第一，工作第一，为保守党的机密不惜流血牺牲，他们是中国革命史上的无名英雄。"

第一部讲述长征的书

——解密《随军西行见闻录》

紅軍長征隨軍見聞錄

廉臣 著

群衆圖書公司發行

隨軍西行見聞錄

廉臣作

我國共產勢力年來伸張極速，朱毛徐向前賀龍蕭克等原系赤軍已成燎原，朱毛赤軍原系民國十六年國共分裂時朱德率領之葉挺賀龍殘部及毛澤東率領之湘南農民軍合而成，年來蔣介石曾觀身督剿步驟上雖一鼓殲滅之不料朱毛早見及此於去年十月中突圍西走由湘粵邊而入黔，逗留於黔川滇三省，一時期最後驚險突過金沙江大渡河（此二河均為長江上游河寬水急）而入川與川北徐向會合現在中國兩大赤軍會合聲勢大振且軍軍重心已由東南而移到西北剿共軍無論在作戰上運輸上皆大感困難赤軍活動將愈難抑止矣。

記者向業醫服務於南京軍者四年，前年隨南京軍五十九師於江西東黃坡之役被俘於赤軍被俘之初自思決無生還之望但自被押解至赤區後方之瑞金我係軍醫押於赤軍衛生部赤軍衛生部長賀誠親自談話當時因赤軍中軍醫甚少他們要我在赤軍醫院服務並將顧照五十九師之月

三大紀律八項注意　2/4

2 · 3 5　5 ｜ 3 5 3 1 2 — ｜ 6 2 6 2 ｜ 2 3 2 6 1 — ｜

（一）紅 色 軍 人　個 個 要 牢 記，　三 大　紀 律　八 項 的 注 意，

2 2 3　1 ｜ 2 1 2 3 6 0 ｜ 5 · 1 6 5 ｜ 2 1 2 3 2 — ‖

紅色軍人	攏護又喜歡	對我	我們	祟祟
第一 不要 工農一針線	更能有保證	勝利	秉秉	
第二 服從 上級的命令	紀律不 容	土豪	時時	
第三 沒收 一律要歸公	刻刻莫忘記了	私打	免得	
八項 注意 我們要作到	心裏多煩惱	時時	室內	
第一 早起 門板要上好	物物要打捞	刻刻	室外	
第二 早起 都要捆禾草	工作最重要	秉秉	接近	
第三 言語 態度要和好	逐近都傳高	祟祟	政治	
第四 買賣 價格要公道	切莫遺失了	影響	常面	
第五 借人 像具用過了	立卽要辦到	遠遠	按價	
第六 者把 東西損壞了	捋下衛生壕	歸遠	賠償	
第七 到處 衛生要講好	拿他半分毫	避避	擇選	
第八 對待 俘兵影響好	嚴肅決不饒	半分毫	不許	
倘若 把起 規則破壞了	工作作得好	紅軍	隨便	
（八）紅色 軍人 互相監視到	很快就達到	爭取	紀律	
到處 工農 鬥爭就來了		全國	勝利	

紅軍長征隨軍見聞錄

不許翻印

全售一冊一價實價

中華民國三十八年六月版

著　者：廉臣

出　版：群衆圖書公司

印　刷：群衆印刷公司

發　行：群衆圖書公司

總發行所 群衆圖書公司

上海群众图书公司出版的《红军长征随军见闻录》的封面、内页、封底

"军医被俘" 随军而行

《随军西行见闻录》一书中，陈云假托是一名被红军所俘的国民党军医，名叫廉臣，随军参加了长征。其实，早在长征之前，陈云就是中国共产党的重要领导人之一。1934年2月，他当选为中华苏维埃共和国第二届中央执行委员会主席团成员，长征前曾负责管理军需生产。同年10月参加长征，先后任红五军团中央代表、军委纵队政治委员。1935年5月底，红军夺取泸定桥后，中共中央在泸定县城召开会议。会上决定派遣陈云回到上海，以恢复白区工作和接通同共产国际的联系。6月12日，陈云在当地中共地下党员陈梁等人的护送下，从灵关殿出发，经天全、雅安、成都到重庆，转乘"民生"号轮船，于6月底到达上海。在宋庆龄的帮助下，陈云于同年9月上旬抵达莫斯科。

在长征途中，由于红军的发报机等通信设备在渡江时被丢弃，被迫中断了与共产国际的联络。当时，国民党和西方媒体的报道充满了对红军的污蔑言辞，国民党控制的报刊中，常以"土匪""赤匪""叛乱者"等词语污蔑共产党。陈云到达莫斯科时，看到共产国际七大展览会展出的一幅宣传画，画中的中国红军战士身着破衣烂衫。看到这幅画后，陈云心情沉重地说："只有敌人才把我们画成这样。"10月15日，陈云在共产国际执委会书记处会议上作了《关于红军长征和遵义会议情况的报告》。1936年春，根据报告部分内容整理成的《英勇的西征》发表在第三国际主办的《共产国际》杂志（中文版）第1、2期合刊上，第一次纠正了外界对中共以及红军的不实报道。

为扩大世界对中国工农红军长征的了解，1936年3月，陈云将《随军西行见闻录》一文发表于中共在巴黎主办的报纸《全民月刊》上，以亲历者的身份、旁观者的视角，向世界讲述中国工农红军长征史。尔后，此书的单行本在莫斯科出版。此书后传入国内，最早的版本是民生出版社1937年出版的《从江西到四川行军记：八路军光荣的过去》，此后又以《从东南到西北：红军长征时代的真实史料》（明月出版社，1938年）、《随军西征记》（生活书店，1938年）、《长征两面写》（大文出版社，1939年）、《红军长征随军见闻录》（上海群众图书公司，1949年）等书名出版。该书在国内出版时，正值1937年8月抗日民族统一战线正式形成，所以以

"红军""长征""八路军"等敏感词为书名的图书可以在国统区出版。

《随军西行见闻录》一书完整地记述了中央红军自 1934 年 10 月中旬从中央苏区突围西征，到 1935 年 6 月陈云离队这八个月间，由江西经湖南、广东、广西、贵州、四川、云南、西康，转入四川之理番、松潘，与红四方面军会合这 1.2 万里的长征行程，描写了红军突破国民党四道封锁线、转战贵州、抢渡乌江、智取遵义、翻越老山界和大雪山、四渡赤水、佯攻昆明、兵临贵阳、巧渡金沙江、通过彝族区、飞渡大渡河等英勇壮举。以一名虚构的国民党军医身份去描述长征，让这本书带有神秘色彩。而小说式的书写方式，更对读者具有吸引力，也更容易为人们所接受。正如 1939 年刊印的《长征两面写》的编者在该书的"卷头小言"中所写的那样："《随军西行见闻录》，是一位被俘的军医，他被迫着随同部队在长途中跋涉，基于私人的观感，把沿途的经历加以描述，加以分析。如小说、如演义，亲切而有味。"

信仰坚定　军民融合

由于是亲历亲闻，陈云笔下的红军形象饱满生动，并非国民党宣传的"溃军"，而是一支英勇顽强、无往不胜的战斗部队。

信仰坚定，纪律严明。廉臣以军医的旁观身份写道，红军将士们将"抗日救国""解放工农"视为己任，具有为了理想与信念同甘共苦的无畏精神。红军将士严格遵守"三大纪律、八项注意"。据廉臣统计，当时共产党员及共青团员在红军中的比重大约占到百分之四五十。行军途中，每当有发生粮食短缺、宿营地缺乏等困难时，共产党员必让非党团员的红军士兵先吃先宿；作战时，党团员则冲锋在前。廉臣说，这些共产党员、共青团员在红军士兵中有极大的示范作用。

红军在渡过金沙江时，可以借助的只有六条破烂船只，国人未目睹此情形，或不信之。作者分析说，红军之所以能如此从容渡江，最大的原因是"有极好的组织"，断定"红军在各方面之组织能力，确远优于南京及各省之军队"。

领袖卓越，干部有为。针对外界对红军的污蔑和攻击，廉臣第一次展示了真实生动的红军领袖形象。他坦言说，毛泽东、朱德这些闻名全国的"赤色要人"，"我初以为凶暴异常，岂知一见之后，大出意外"。行军路程中，他进一步加深认识，认为红军中确有一些领袖，"非但聪敏，且有才能"。书中对毛泽东、朱德的细节勾勒堪称神来之笔："毛泽东似乎一介书生，常衣灰布学生装，暇时手执唐诗，极善辞令。"由于朱德所穿衣服与士兵相同，故朱德有"火夫头"之称。朱德"年将五十，身衣灰布军装，虽患疟疾，但仍力竭办公，状甚忙碌。我入室为之诊病时，仍在执笔批阅军报。见我到，方搁笔。人亦和气，且言谈间毫无傲慢。这两个赤军领袖人物，实与我未见时之想象，完全不同"。

民众拥护，民族团结。廉臣说，因为他"系被俘之身"，很多事情无法"自主"，但红军却"有信用"地不仅每月照他原在的国民党五十九师之月薪给予其支领工资外，还会每月寄 60 元的安家费给他的母亲。在湘南等昔日朱德、毛泽东"久经活动之区域"，很多早已参军的同志，此次途经故里时回家短暂探亲，几个小时内就又带了家乡农民投奔红军："红军来了，我们穷人才有一口饭吃！"经作者廉臣统计，在红军退出江西以前，仅从"五月到九月"的四个月之间，红军就招募了"将近十万"的新兵。红军在过夷民所居地界时，还与彝族首领歃血为盟，尊重少数民族风俗。红军经过此处时，夷民则牵牛送羊欢迎"赤军"，更有部落夷民自愿编为"红军游击支队"，给红军带路并招抚附近十余部落。红军则以皮衣、旧枪、盐布回赠夷民。可见，长征途中，民族平等、民族团结政策已深入人心。

抢渡金沙江时，红军渡河司令部付给当地的船夫"日夜工资现洋五元，且日夜进食六次，每次杀猪"。而共产党指挥渡河之人员，则每餐之菜蔬只吃青豆。廉臣听闻，渡过金沙江后，红军即毁船，船为当地彝家领袖金土司所有，"但念船夫之生活暂时将绝，故每人除工资外，各给现洋三十元，因此船夫中有大部对红军有好感而随红军入川者"。这说明红军每到一处，很好地动员了当地人民支持红军，补充兵源。廉臣感叹说："红军领袖对于共产党之信仰及牺牲个人之精神，与现世之贪污犯法、假公济私之军官比拟，显有天壤之别也。"

文中描述长征队伍中的"娘子军"，刻画了栩栩如生的长征女战士形象：那些妇女干部一二百人，"均腰悬短枪，脚穿草鞋随军出走。此辈娘子军，均系身体强壮，健步如飞者，常在卫生部招呼伤病兵。有时竟能充夫子抬伤病兵"。

廉臣指出，红军之所以能突破重围，不仅在于有军事力量，而且在于深得民心。如红军入湘南时，资兴、郴州宜章一带为昔年毛泽东、朱德久经活动之区域，居民受共产党之宣传甚深，"故见红军此次复来，沿途烧送水，招待红军。我在行军时见每过一村一镇，男女老幼立于路旁，观者如堵"。

传播广　影响大

陈云借国民党军医廉臣之口，传达出来的有关中共的信息是非常丰富的。在文末，他为红军正言："我三年来在红军中之见闻所及和此次随红军西行入川，我觉到红军及共产党现在已经成为中国国内的一个实力派，这是无可争辩的事实。"他还呼吁国共合作共同抗日，说："我总觉得无论如何，红军总是中国人，总是自己的同胞，放任外敌侵凌，而专打自己同胞，无疑是自杀政策。"倡导"如果停止自杀，而共同杀敌，则不仅日本不足惧，我中华民族亦将从此复兴"的理念。

这篇著作行文老道，文字精练，虚实结合，被捕军医的身份和旁观者的角度对广大读者更有说服力。正因为如此，这本著作在新中国成立前即四次再版，广为传播，让广大读者了解了共产党红军的政策主张，为实现第二次国共合作，建立抗日民族统一战线发挥了巨大的舆论作用。

新中国成立后，这本著作时常被编入各类长征回忆录中，但都没有解密作者的真实身份。直到1985年纪念遵义会议50周年之时，当年1月，中共中央理论刊物《红旗》杂志以"编者按"的形式，第一次说明"廉臣"是陈云的笔名，并以作者陈云的名字公开发表《随军西行见闻录》的全文。6月，红旗出版社重印了该书的单行本。据长期在陈云身边担任警卫的赵天元回忆："我还是第一次看到这篇文章，要是不看前面的编者按，还真以为是一位医生写的呢。"陈云自己也说，当时老太太（陈云的夫人于若木——笔者注）看了都以为这真是一名医生所写的。

《随军西行见闻录》从署名"廉臣"发表到公开以陈云之名发表，时隔近五十年。这固然有历史档案保管和公布年限的意义，但更重要的是，这是中国工农红军革命精神的真实写照。《随军西行见闻录》是一份巧妙出色的红色外宣力作，堪称中共传播史上的"红色经典"。

号角当年数《救亡》

——"八一三"战火中的文化救亡运动

打暗语"买郭沫若"

1937年7月10日,"七七"事变后的第三天,在潘汉年的带领下,夏衍第一次见到周恩来。消除初次见面的陌生感后,周恩来希望夏衍今后以进步人士的身份,去做各阶层包括国民党人在内的统战工作。夏衍在《懒寻旧梦录》中回忆:"我永远记得这一天,这一次谈话决定了今后几十年的工作方向。"7月27日,郭沫若抛妇别雏,在中共海外人士的帮助下,从日本秘密回国,在上海法租界高乃依路(今皋兰路)的公寓暂居。在淞沪会战中,这两位文化巨匠奋力投身到文化救亡的洪流中。

中日双方在正面战场激烈交锋,救亡行动在文化界蓬勃兴起。20世纪30年代,上海作为全国文化中心,汇聚了大批文艺名家。7月28日,上海文化界500多人集会,组织上海第一个救亡团体——上海文化界救亡协会(简称"文救"),宋庆龄、何香凝、蔡元培、胡愈之等人被推选为理事。根据周恩来的指示,希望夏衍做郭沫若的助手,由上海"文救"创办一份机关报,要有国共两党人士参加、具有统一战线性质。自此,夏衍开始了12年的新闻生涯。8月24日,在隆隆的炮火声中,上海"文救"的机关报《救亡日报》诞生。经周恩来与国民党方面协商,救亡日报社长由郭沫若担任,国共双方各派一名总编辑,共产党委派的总编辑便是夏衍。

在法新社记者皮特·哈穆森的笔下,1937年淞沪会战被称为"长江之畔的斯大林格勒保卫战",团结御侮成为国人共识。在文化界,以《抗战》三日

上海文化界救亡协会同仁合影

1937年8月24日《救亡日报》第一期

刊（邹韬奋创办）、《战事画刊》（《良友》号外）、《文化战线》（上海编辑人协会出版）、《战时联合旬刊》等为代表，上海涌现了一批宣传抗战的报纸杂志。其中，上海"文救"的机关报《救亡日报》别具一格——国共合作创办、带有统一战线性质。重读旧报，仍能感受到烽火年代仁人志士滚烫的爱国心。

《救亡日报》是一张四开四版的晚报，头版上方正中是郭沫若题写的报头。报头下面标明"上海市文化界救亡协会主办"。报头左侧刊馆址"上海南京路大陆商场六三一号"及报价和广告刊例。创刊号头版头条报道了淞沪会战的重要战场蕴藻浜的激战情况；创刊号二版有张仲实的文章《全国抗战爆发后的国际形势》以及一些通讯和消息；四版是副刊《文艺》，刊载了茅盾（沈雁冰）、苏凤、王任叔、阿英（钱杏邨）等人的文章。整张报纸的版边印有"胜不可骄，败不可馁，牺牲到底，争取最后的胜利"等醒目标语。

8月24日下午，上海市几条主要的大街上响起了报童响亮的叫卖声。报纸零售每份2分，一月5角。当时的上海，各大报纸林立，但是这一张以"救亡"为报名的新报纸还是引起了民众的极大兴趣。《救亡日报》刊载了大量的战地通讯和诗歌，写了日军占领上海后可能发生的祸乱，给民众以精神准备。在报摊上，常有读者打暗语"买郭沫若"，摊主便会意，送上一份《救亡日报》。因此，创刊伊始，报纸每日即能发行1500份，最高峰时发行3500多份，在战争中的上海创造了不俗的发行业绩。

为全民抗战作宣传鼓动

淞沪会战中，中方精锐军队在正面战场浴血抵抗；在文化阵线，共产党发挥了广泛的团结民众、鼓舞民族精神的作用。回眸《救亡日报》的内容，我们会为其丰富精辟的战场报道、坚持团结抗战的办刊方向而赞叹。

《救亡日报》的主要栏目有"战局鸟瞰""战事报道""社论""世界的一日""救亡知识""组织民众特辑""消灭汉奸特辑"等，核心内容就是宣传如何抗日救亡。在报纸创刊当日，郭沫若、夏衍、田汉等人到浦东抗战前线慰问第八集团军张发奎将军的部队，郭沫若迅速撰写了《到浦东去来》一文，发表在《救亡日报》上。

在淞沪会战最激烈的时刻，国民党将领陈诚主动造访郭沫若，表示支持《救亡日报》，并订了上百份报纸到前线去散发。此后，因国民党军队的邀请，共产党在上海组织动员了一批著名的进步文化界人士和爱国青年，成立了战地服务团，到抗日前线陈诚、张发奎的军队中开展歌咏、演剧活动，担任宣传慰劳和救济难民的工作。

胡愈之、司马文森、田汉、陈紫秋等20多位作家参加了《救亡日报》的义务采访工作。例如，胡愈之9月13日撰写的社论《上海抗战的一个月》指出，上海抗战的一个月"在全部中华民族抗战史中，这不过是一页而已"，但是，"读了这一页，已经使我们增添了千百倍勇气和不可动摇的自信"。司马文森的《叶剑英将军谈战局》也是极为精彩的战地报道。在中方飞机轰炸日军"出云舰"的当晚，田汉从住处找到一本关于日本海军情况的日文书籍，上面有"出云舰"的材料和照片。田汉火速翻译，概述了有关"出云舰"的战斗性能、人员配备、何时下水、舰长、吨位、时速、有多少门大炮等。于10月2日一版头条刊登，这篇深度报道配合新闻，对"出云舰"的介绍全面准确。当日，上海的各大报均刊有"出云舰"被炸的消息，但以《救亡日报》的报道最详尽、最出色，报纸也多销了几百份。田汉是一位著名的戏剧家、诗人，在紧急时刻成了我们了解日本军事情况的翻译。

《救亡日报》的社址位于上海繁华的南京路，这里也是共产党的抗日民族统一战线的重要平台。在抗战中，《救亡日报》以文化界为基础，搞好上层进步人士的统战工作，成为凝聚国共两党合作抗日的舆论载体之一。夏衍回忆说，自己从小被家人称为"洞里猫"，怕见陌生人。在抗战中，做统战工作是从"自命清高"，戴着"白手套"开始，逐渐做到"不怕脏"的。[①]

①

夏衍：《懒寻旧梦录》，北京：生活·读书·新知三联书店，2000年：第297—298页。文中，夏衍说，他一开始工作接触的人都是上层知识分子、救亡青年。自从事抗日统一战线工作和中共地下党工作后，逐步学会和"九流三教"的人打交道，锻炼了胆识。

左、中、右三方面的人都要看

1937年11月下旬，《救亡日报》搬至广州复刊。广州时期，《救亡日报》仍大量刊载上海沦陷后的真实景象。1938年1月23日《暴敌在上海》一文中报道：国军为改变战略而退出沪地后，文化人都南下了，最近日寇司令部通令各侦探机关如逮捕到文化界领袖，如郭沫若、沈钧儒、史良等，悬赏五千元。日本人又强迫工部局取缔并没收抗日书籍刊物，每日派日本便衣队侦探到各书局去搜查，倘有抗日刊物者，则被拘捕或罚金至一千元左右。听说四马路有一间旧书店，摆有合订本《救亡日报》一册，遭日便衣拘捕店员二人，打得皮破血流。文章称："此种行为，简直等于兽行。"

1938年4月上旬，周恩来经广州赴香港，在广州期间，夏衍前往请示办报方针。周恩来曾用简练的语言概括了该报的办报方针："《救报》是以郭沫若为社长的上海文化界救亡协会的机关报，这一点就规定了它的方针。将报纸办成像国民党的报纸一样，这当然不行。办成像《新华日报》一样，有些人就不敢看了。所以说，办报的总方针应该是宣传抗日、团结、进步，但要办出独特的风格来，办成一份左、中、右三方面的人都要看，都喜欢看的报纸。要通俗易懂，精辟动人，讲人民大众想讲的话，讲国民党不肯讲的话，讲《新华日报》不便讲的话。"

注重宣传，广泛、及时地采编各类稿件，从精神上引导民众抗日，使《救亡日报》赢得一批拥趸。当时，蒋介石、毛泽东也时常在该报发表一些抗日演说。宋庆龄是"文救"会的理事，她十分关心机关报《救亡日报》的编辑和出版，曾在该报上发表多篇重要文章和谈话。1937年10月3日，宋庆龄在《致英国工党书》中指出："日本帝国主义者还不以奴役东三省和华北的中国人民以及他们的经济剥削为满足；他们更深思熟虑地进而破坏中国的文化，并使中国的人民降为愚昧无知的奴隶。"又说，"过去两个月来，你们当已看到日本侵略者在中国的蹂躏和屠杀"，无辜的难民都成了他们"发泄狂暴的目标"。并向全世界郑重宣告："中国不仅单为了她自己而抗战，并且也为了全人类。"其中，"为了全人类"的论点极为精辟，深刻揭示了中国抗战的国际意义。

1937年9月，第二次国共合作正式形成，八路军驻沪办事处成立，这是自1927年之后中共在上海成立的第一个公开活动机构。9月24日，宋庆龄在《救亡日报》第一版发表《国共合作之感言》，热烈欢呼她多年来为之努力的第二次国共合作正式形成。9月25日，该报刊登了附有八路军司令朱德戎装照的《中国共产党宣言》，26日宋庆龄便发表了《答救亡日报记者问》的谈话，表示对此无比感奋，"是实现孙总理弥留时和平

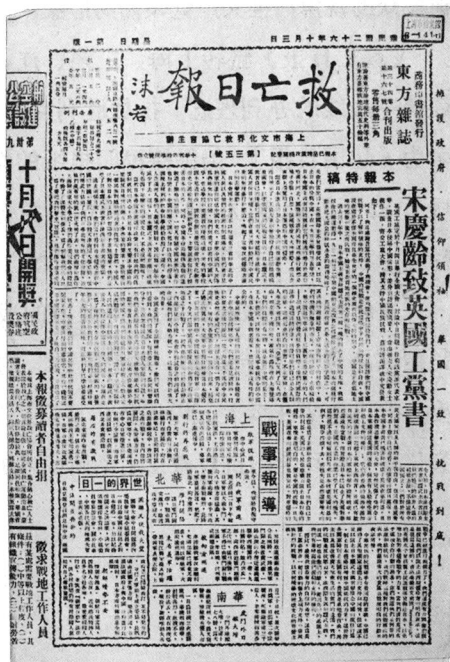

1937年10月3日，《救亡日报》刊登《宋庆龄致英国工党书》一文

奋斗救中国重要遗嘱的开始"。

洛基采访毛泽东

《救亡日报》以独到的特写和前线采访见长，也开辟了一些读者喜闻乐见的栏目。"读者问答""读者论坛""生活讲座"等专栏与读者交流思想，为他们解答政治、思想、学习、工作和生活方面的疑难。

《救亡日报》本身是一个充满民主氛围的战斗集体，"在《救亡日报》这工作上是没有上下之分的，人人都习惯这样做"。无论是谁，什么样的意见，只要对集体有益，对革命事业有益，就会被采纳；反之，则批评教育。这种制度在国统区的报刊中无疑是一个创举。

1938年3月16日，《救亡日报》刊载了该报记者洛基从延安寄发的通讯文章——《毛泽东访问记》。洛基第一次见到毛泽东时，见"头发蓬乱的青白脸的人进来，他的眼睛是细小而有神，闻说这叫'白鹤眼'；年纪约有四十岁以上，态度柔和得像《三国演义》上的孔明。我一看就知道他是毛泽东先生，便下意识地站起来表示敬意，他却两步像一步似的走过我的身边，伸出热烈的手和我紧握着。然后大家都坐下，话线就接了起来"。从普通民众的视角白描共产党领袖的形象，堪称《救亡日报》非常精彩的一笔。

《救亡日报》辗转上海、广州、桂林等地，在大后方依然秉承抗日民族统一战线的办刊理念。抗战胜利后，1945年10月正式在上海复刊，改名为《建国日报》，仍保持民间报纸的性质，依旧用原来的报头。但只出版了12天，到10月22日便被国民党查封。"号角当年数《救亡》，杜鹃啼血为春芳。"作家秦牧如此赞扬《救亡日报》的鼓手之功。

文化抗战是锻铸民族集体性格的战斗。淞沪会战时期，《救亡日报》是国共两党"团结御侮、共赴国难"的历史见证。进步知识分子以笔为枪，把热血洒在纸上，以《救亡日报》为代表的一批抗战报刊体现了上海文化界对推动全国抗日救亡运动所发挥的积极作用。

旌旗在望——新四军中的"上海兵"

1937 年 10 月，根据中国共产党与国民党当局的协议，将在江西、福建、浙江、安徽、河南、湖北、湖南、广东八省境内坚持游击战争的中国工农红军和游击队改编成新四军。当时，新四军不仅兵源不足，干部和技术等方面的力量也十分薄弱，远远不能适应华东、华中敌后抗战的需要。1937 年 11 月，中共江苏省委（上海地下党）在上海成立。1938 年 5 月，党中央明确指示："江苏省委应派一些得力干部到新四军战斗的地方去，并从上海有系统地动员学生、工人、积极分子、革命分子、党员到那里去工作。"

据统计，整个全民族抗战时期，从上海先后输送到新四军的各类人员总共约有 21000 人，有力地充实了新四军的人力资源。上海地下党的工作被党中央认为："能够在日寇占领的情况下，从租界中送出大批难民支援新四军，这是上海地下党的成功壮举。"[1]参加新四军的路径，首批有上海红十字会煤业救护队 100 余名同志，其次上海难民工作委员会三次向皖南新四军输送爱国青年约 1200 人，还有上海地下党通过上海民众慰问团、战时服务团等形式大批输送人员，新四军上海办事处输送了一批印刷、印钞、军工、医务等急需的人才。此外，还有谭震林领导的东路军主动到上海招收失业工人、学生等加入新四军，开创了到大城市主动扩军的先例。东路军在上海扩军的史实鲜为人知，结合史料与口述、回忆录，至今仍然可一窥"上海兵"的战斗精神。

新四军东路军急需补充力量

1939 年 5 月，新四军第六团以"江抗"（1937 年，上海、南京等大城市失守后，苏南的地方士绅组织了民间抗日武装，后接受新四军领导，获得"江南抗日义勇军"的番号，是新四军江南指挥部领导的主力部队之一。——笔者注）的名义进至江南东路苏州常熟太仓地区，"江抗"夜袭浒墅关，开辟东路抗日根据地。许多上海青年受此鼓舞而投奔"江抗"，短短几个月时间，部队的人数就大大增加，到 10 月，包括地方武装在内，已有 6000 多人。六团东进时不到 700 人，有一个营留在皖南军部，此时已发展到 2000 多人。叶飞在回忆录中提及，"江抗"在群众中的威信越来越高，群众也逐渐知道"江抗"就是新四军，因此许多青年积极参加"江抗"。

1939 年 9 月，为顾全团结抗战的大局，"江抗"奉命西撤。11 月 6 日，在夏光、杨浩庐、张英等的领导下，根据上级"留在东路部队人员与

①

赵朴初：《抗战初期上海的难民工作》，载《党史资料》第 4 期，上海：上海人民出版社，1950 年。

地方党配合，重新组织武装，坚持原地斗争"的指示，以"江抗"西撤时留下的 36 个伤病员为骨干，会同当地"民抗"部队，在常熟东塘市成立"江抗"东路司令部（新"江抗"），苏常太地区重新燃起了抗日烽火。

1940 年 2 月 10 日，中共中央和中央军委对八路军、新四军各部队的行动做出了明确部署：一是主力向江北发展，二是加强东路地区的发展。中共中央东南局和新四军军部立即研究贯彻执行，决定调谭震林创建东路抗日根据地。1940 年 4 月，中共中央东南局和新四军江南指挥部派新四军三支队司令员谭震林率 50 余名连排军事干部来到常熟，成立新四军东路军政会，谭震林任书记兼"江抗"东路指挥部司令，统一了东路地区的领导。江苏省委根据中央指示，把外县工作即上海周围地区的党组织和武装力量划归新四军东路军政会统一领导。

向苏南敌后挺进的新四军第一支队

同年 4 月下旬，谭震林与张开荆、戴克林、樊道余、白书章、刘飞、温玉成、张鏖等 50 余名干部先后到达东路地区。谭震林到东路，肩负着领导创建东路抗日根据地的使命。不过，新四军军部和江南指挥部只给他派了几十个干部，没有一兵一卒。"江抗"西撤后，由于时间紧迫，没有做出强有力的根据地建设措施，东路抗战虽未停止，但力量薄弱，影响不大。当时的东路，坚持在苏常地区的有以何克希为司令的新"江抗"

和以任天石为司令的常熟"民抗"部队，共近千人，力量都很弱小。在无锡、昆山、青浦、嘉定和南汇等地，也只有少量共产党领导的抗日武装在进行坚持艰苦的斗争。而日伪顽军在东路有很强的军事力量。在这块敌我力量悬殊、形势十分复杂的敌后腹地，必须较快地打开新的抗日局面。在当时的情形下，以武装斗争为中心，创建东路抗日根据地，大力补充兵员，壮大党的军事力量，加强人民抗日武装的建设和发展，是首要的选择。

为了壮大新四军的力量，1940年3月，中共中央在对上海地下党的指示中指出"目前造成供给新四军和全国各地知识分子工作干部的基础"，并指示对工厂、学校职员中的支部，均以短小精干为原则，要"经常抽出一部分党员送往外县和新四军工作"。中共江苏省委不时把上海的有志青年学生和失业工人送到皖南和"江抗"参军，这对加快部队的发展壮大功不可没，这也引起了谭震林的注意。当时在日伪统治下的上海失业工人、失学的学生、处在死亡线上的难民较多，这是一个巨大的人力资源库。由于共产党、新四军的威望较高，不少人向往到新四军中去。上海人民的抗日决心比较高，抗战的积极性也比较强，是一支潜在的抗日有生力量。

但是，当时的交通颇有危险。上海地下党耗费心血输送的新兵，由上海乘火车到昆山或苏州后还要徒步跋涉到东路根据地，每次都要接受日伪控制下的陆路交通检查，稍有不慎就会暴露上海地下党的活动。东路地区的党政军负责人谭震林忧虑日深。1940年六七月间，谭震林决定不再由上海地下党成批向"江抗"输送新兵，改由"江抗"派人员打入上海去扩军。从东路到上海扩军成为谭震林扩军的一个创举。这样不但可以避免上海地下党的暴露，在敌占区"隐蔽精干、长期埋伏、积蓄力量、以待时机"，而且可以通过各种各样的途径，大量输送兵员。

上海扩军成效显著

在上海地下党停止输送新兵的情况下，谭震林命各纵（团）自己派员到上海去扩军。1940年7月，张鏖受领任务，根据谭震林的指示和要求，陈挺和张鏖反复研究制定出一个扩军方案。9月，二纵队先派青年干事陈浩和二连文化教员叶时赶赴上海。陈浩和叶时把工作重点放在上海的贫民群体，组织扩军人员日夜深入曹家渡、小沙渡、外白渡桥等失业工人聚集的地方开展工作，宣传抗日道理，启发他们的阶级觉悟。通过串联亲友和同学故旧，用"滚雪球"的方法，使扩军工作有效地向工厂和商店渗透。经过半个月紧张而缜密的工作，成功扩军20多人。

张鏖向谭震林汇报了试扩成功的情况，谭震林就展开了大规模扩军行动，强调说："这次打开了自己去上海扩军的路子，创造了经验，证明各部队都可以组织力量到上海扩军……上海敌伪虽然控制严密，但人民有强烈的反抗精神，我党我军有极高的威望和影响，我们距上海近，有社会关系，都是去扩军的有利条件。当然困难也不少，还有危险，但只要工作精细，注意保密安全，是能顺利完成任务的。……你要和陈挺研究一个到上海扩军的办法，对派去的人，采用秘密工作方式，实行单线领导。"①

随后，五十二团组织了三个扩军小组：第一组由二营教导员张梦莹负责，组员有三到四个人；第二组负责人王志明也带有三到四个人；第三组为陈浩、肖牧。第一、二组的组长常驻上海，第三组往来于上海与根据地之间。三个组都由政治处主任直接领导，由张鏖具体负责。各小组按秘密方式工作，小组之间不发生横向联系，也不与小组之外的任何组织发生关系。三个扩军小组展开大规模扩军行动。常驻上海的扩军小组身处环境十分险恶，他们必须谨慎小心地联系自己的熟人朋友，建立人脉网络。由于上海处于"孤岛"局面，情况复杂，稍有不慎就会招致杀身之祸。扩军小组严格执行秘密工作纪律，工作十分出色，"从年底开始，每五到七天能输送35名左右新兵"。扩军随后有组织地开展起来，"从一九四〇年九十月到一九四一年'清乡'止，五十二团扩军1000余人，同时为五十三、五十四团输送去各二百多名"。

在部队有系统地派人到上海扩军的同时，组织上也让在上海有亲戚朋友的同志到上海动员愿意抗日的参加"江抗"，老新四军战士汪贤孝就是这样来到"江抗"的。据他回忆，1940年秋冬间，按照他的介绍人黄振中的指示，他和蔡世烈等人在南京东路外滩上船。经过一夜的航程，五更抵达常熟浒浦，上了码头，通过四个敌伪军的"搜抄"，天已明亮了。大家跟着一位"郎中"（带路人）到达城郊间。暂息后，又走了大约3华里路，到达"江抗"三支队宿营的村庄。他和蔡世烈分配在三支队二连，成为新四军的一员。

1937年，17岁的陈永清（岑黄青）在上海中国火柴公司当练习生时

① 中共常熟市委党史工作办公室、常熟市新四军历史研究会：《谭震林在常熟》，北京：中央文献出版社，2000年：第258页。

参加了上海地下党的外围组织益友社的活动。1939年，他秘密加入中国共产党。1940年4月，支部党小组在会上动员说，东路重建武装后，需要干部，组织号召党员去东路工作。于是，他们党小组的3个党员跟随扩军的交通员从上海乘火车到昆山，再坐船经巴城到东塘市，到东路军特委报到。1940年7月，陈永清担任了常熟县县委办事处主任，一直战斗在前线。

上海输送人员去东路，要经过日占区，陆路交通极为不稳定而且非常危险。张鏖将这一情况向谭震林汇报，谭震林指示蔡悲鸿（时任"江抗"澄锡虞总办事处财经处处长，1941年12月沙洲县抗日民主政府成立后任县长）协助解决输送新兵的交通问题。控制吴淞口及长江沿线的日本海军为了赚取外快，便包庇五艘德国轮船走私渔利。这五艘轮船由上海装载日用品、布匹、煤油、西药等到江阴张家港和护漕港卸货，再从这里装运大米、农副产品返沪。经过蔡悲鸿的周密布置，让各扩军组长和打入船上工作的同志们相互配合，开始利用这些走私船运送新兵到根据地。这条运兵路线一直持续到1941年日军"清乡"运动时才停止。

新四军"江抗"东路指挥部在护漕港成立了一个新兵接待站，指导员为张家信，他也是一名上海兵，曾到上海扩军。1943年11月3日，张家信在溧阳清水塘与日军作战中牺牲。新四军派出医务人员对每个新

抗战时期江苏淮安街头的欢迎新四军的宣传画

兵进行体检，同时进行政治教育和政审，发现不合格者，便由港口的船再送回上海。为了搞好新兵的训练和教育工作，新四军在根据地中心建立了一个新兵连，专门负责新兵的军政训练工作。每批新兵到来后，都要逐个谈话，并在新兵接待站的教育中加以考查，经过军政训练后再将新兵分配到部队。

战斗在一线的"上海兵"

上海扩军极大地改变了以往部队以农民为主的部队成分。"上海兵"以其较高的文化水平和战斗精神，在新四军领导下的民族解放战争中经受了血与火的历练。

1941年2月，谭震林领导的东路军改编为新四军第六师第十八旅，旅长江渭清，参谋长夏光，政治部主任张英，全旅3000余人，先后隶属第六师和第一师。新四军第十八旅的特点是"上海兵"特别多，文化素质普遍比较高，新兵不少是高中生，初中以下就更多了。五十二团第一营里的高中毕业生就有30多名，大学生也不稀奇。张建儿在访问老战士时，老战士们说，当时队伍里组织哲学讨论班，可以直接学习列宁的《国家与革命》，这在其他的部队是很难做到的。当时的连队战士几乎每个人都有钢笔，作战总结和上政治课时，他们就拿出钢笔来做笔记，这在20世纪40年代的战斗连队中还是稀罕事。

1942年底，彭冲担任五十二团的政治处主任。他回忆，当时从处里的股长到班里的士兵，到处能听到上海人讲话的口音。"这些大城市来的同志知识面广，政治觉悟高，个个朝气蓬勃，是我开展政治思想工作的有力助手。"当时，五十二团人人都能唱歌，处处有歌声，连队就是歌队。彭冲回忆，这些"上海兵"来自工人、学生、店员、学徒、报童、医生、护士、归国华侨以及难民收容所的失业青年，因作战英勇，有"老虎支队"之称。还有，五十四团约八成的战士也来自上海，因文化水平较高，有"文化队"之称。

因为"上海兵"文化素质较高，这些战士很快就担任起了营、连、排的干部或政治、文化、医务工作。由于连队的政治文化素质较高，1940年开辟澄锡虞地区时，连队还兼做地方工作队。主动到上海扩军的策略从根本上改变了部队兵员结构，基层官兵文化素质跃升，先进文化为提升部队战斗力提供了坚实的基础。

"上海兵"在战斗中表现得特别勇敢,不畏牺牲。1941年7月,日军"清乡"开始,五十二团二营先在太湖以东坚持反"清乡"。10月,二营归建十六旅四十八团。同年11月,二营作为主力参加"塘马战斗",除少部分掩护机关群众千余人撤退外,其余全部壮烈牺牲。1942年任五十二团二连连长的金辉,曾隐蔽在阳澄湖地区养伤,他有一本当时的花名册,记录了全连104人的情况,其中上海过来的就有76人。20世纪六七十年代,他在接待外调时,经常要用到这本册子,也间接了解到,到那个时候,健在的战友已经只有16人了。①

"上海兵"中,很多人家庭条件尚可,有不错的职业,却毅然投身新四军,坚持抗日救国、英勇战斗乃至捐躯。"上海兵"是新四军中的一道独特风景,是上海人民的骄傲。

① 本书编委会:《新四军中上海兵2》,上海:上海文艺出版社,2009年:第522页。

后 记

感谢华东师范大学出版社领导的玉成，感谢黄诗韵编辑的出谋划策，终使本书得以面世。在书稿的编辑、版式和图片选用等方面，黄诗韵编辑做了很多具体工作，在此深表谢意。

近十年来，我一直从事杂志编辑和档案史料研究工作，接触了丰富的文史资料。这些史料，或只言片语，或厚厚卷宗，都是一段真实的历史记录。每每研读史料，时有采撷之乐，亦有不盈顷筐之惑。于是，我不忖浅陋，陆续将个人浅思撰成小文。承蒙《解放日报》高级编辑许云倩老师、《新民晚报》副刊部编辑王瑜明老师的不弃，我的多数作品发表在报纸的副刊上。另，部分文史作品散见《纵横》《世纪》《上海党史与党建》等杂志。

余生何其幸焉！华东师范大学齐卫平、赵正桥等教授一直给予我悉心的学术指导。中共上海市委党校（上海行政学院）原副校（院）长朱华教授在百忙之中拨冗审读书稿，提出宝贵的修改意见。上海市档案馆原副馆长邢建榕研究员在选题角度和写作方法上给予诸多指导。上海市档案馆石磊、郑泽青等领导殷殷垂注，档案界"老法师"赵刚、彭晓亮、张姚俊、何品、陆其国、许洪新等师友赠予珍稀书籍。因为组稿之缘，我有幸得到朱鸿召、徐光寿等教授的提点。当然，要感谢的领导、师友、同仁还有很多，内心诚表感激之忱。

上海拥有丰富的红色文化资源，这些资源见证了中国共产党的创建和发展历程，具有丰富的历史和文化价值。本书是运用文史资料来解读历史细节的一种尝试。由于作者学术水平有限，文中一定存在遗漏和错舛，敬祈各位方家指正。我的邮箱：hlmy98@126.com。

作 者

2023 年 3 月